Lothar Gassmann
Thomas Zimmermanns

Was wollen die Grünen
wirklich?

Entstehung und Programm der Grünen –
kritisch analysiert

Selbstverlag Dr. Lothar Gassmann

Pforzheim 2019

Lothar Gassmann
Thomas Zimmermanns

Was wollen die Grünen *wirklich?*

Entstehung und Programm der Grünen –
kritisch analysiert

1. Auflage Jeremia-Verlag 2015
2. Auflage Selbstverlag 2019

Pforzheim 2019

Inhalt

Die Grünen - wie sie wurden, was sie sind

Von Dr. Lothar Gassmann

Die Suche nach dem Sinn

Autos kann man nicht essen. Mikroelektronik und Weltraumfahrt können zwar das Gehirn begeistern, aber nicht die Seele. Trotz voller Hände sind die Herzen leer. Die Angst vor Krieg und Katastrophen wächst. Der Wald stirbt. Boden, Meere, Flüsse und Seen gehen kaputt. Die Atemluft ist geschwängert von Stickoxiden, Blei und anderen Schadstoffen. Die alten Werte scheinen nicht mehr zu tragen. Ein Gefühl der Resignation und Sinnlosigkeit macht sich breit.

Auf dem Hintergrund dieses Zeitgefühls sind die Grünen entstanden. Die Grünen gehören zu jenem Teil einer "No-future"-Generation, der "Pro future" (für die Zukunft) kämpfen will. Inmitten der Hoffnungslosigkeit sucht sie nach Hoffnung, inmitten der Sinnlosigkeit nach Sinn, inmitten der Kälte nach Zärtlichkeit, inmitten der Technisierung nach Natürlichkeit, inmitten des Rationalismus nach Gefühl, inmitten des Materialismus nach neuen Formen der geistigen Erfahrung. Diese Suche - vor allem bei der jungen Generation - ist ernst zu nehmen und zu bejahen. Die Antworten jedoch sind einer kritischen Sichtung zu unterziehen.

Die Antworten der Grünen

Welche Antworten gehen die Grünen auf die Fragen einer verunsicherten Generation und auf die Probleme einer technisierten Welt? Sind sie eine Alternative? Sind sie insbesondere für den Christen eine Alternative? Darum soll es in den nachfolgenden Ausführungen gehen.

Ich möchte dabei keine Parteipolitik betreiben, sondern Weltanschauungen kritisch prüfen, die es schon vor der Entstehung der Grünen als Partei gab - Weltanschauungen, die nun aber gerade in der Partei "Die Grünen"[1] maßgeblich zum Tragen kommen. Es erfolgt also keine Untersuchung auf parteipolitischer, sondern auf theologischer und philosophischer Ebene. Ich selber spreche als jemand, der nie Mitglied irgendeiner Partei war, der sich aber sehr in Umweltschutzverbänden und anfangs auch in grünen Kreisen engagiert hat.[2]

Wie sind die Grünen entstanden? Die ursprüngliche Wurzel, den ursprünglichen Anlass bildete die

Umweltschutz- und Bürgerinitiativen-Bewegung

Die Ölkrise 1972/73 machte vielen Menschen zum ersten Mal bewusst, dass wir auf einem begrenzten Planeten leben. Dann gingen seit 1974 die Auseinandersetzungen um das Atomkraftwerk Wyhl monate-, ja jahrelang durch Rundfunk, Presse und Fernsehen. Immer mehr Bürgerinitiativen entstanden. Seit Mitte der siebziger Jahre strömten hunderte von Initiativen in den Bundesverband Bürgerinitiativen Umweltschutz (BBU), der zu einem mächtigen Sprachrohr wurde. Er umfasste zeitweise über 1.000 Einzelgruppen mit zusammen über einer halben Million Mitgliedern. Das Umweltbewusstsein war geschärft wie nie zuvor. Bald kam kein Politiker mehr um Fragen wie Waldsterben, Wasserreinhaltung und ähnliches herum.

---

[1] In Deutschland inzwischen: „Bündnis 90/Die Grünen"; der Einfachheit halber verwende ich die ältere Bezeichnung.

[2] Siehe meinen erstmals 1986 erschienenen und 2014 neu herausgegebenen persönlichen Bericht unter dem Titel „ÖKO. Warum ich Umweltschützer, aber kein GRÜNER bin" in dieser Reihe „Unter der Lupe". Schon 1985 veröffentlichte ich eine ausführliche kritische Analyse der grünen Ideologie unter dem Titel „Die GRÜNEN – eine Alternative?" (Hänssler-Verlag).

Wenn auch manche Forderungen auf ihre Berechtigung und Stichhaltigkeit hin zu prüfen sind, so finden wir doch im Umweltschutz ein Anliegen, das auch aus christlicher Sicht grundsätzlich zu begrüßen ist. Nach biblischer Aussage soll der Mensch die Erde bebauen und bewahren, aber nicht zerstören. Er soll schonend mit den ihm anvertrauten Schöpfungsgütern umgehen. Er soll auch die Tiere als Teil der Schöpfung Gottes respektieren. Nur soweit es für sein eigenes Überleben notwendig ist, darf er in das Gefüge der Schöpfung eingreifen.

Der Umweltschutzbewegung und den Grünen kommt das unbestreitbare Verdienst zu, diese Sachverhalte ins Bewusstsein einer breiten Öffentlichkeit gehoben zu haben. Die Wissenschaft der Ökologie hat unter dem Druck der bedrohlichen Umweltsituation und der gewandelten öffentlichen Meinung eine Bedeutung erlangt, wie es viele noch in den siebziger Jahren für unvorstellbar gehalten hätten.

Nun sind aber die Grünen beim Umwelt- und Tierschutz nicht stehengeblieben. Neue Programmpunkte sind in den Vordergrund getreten - Programmpunkte, die sich meines Erachtens verheerend auf ihre Glaubwürdigkeit ausgewirkt haben. Das hängt v.a. zusammen mit der

Öffnung für Kommunisten und Neomarxisten

Der Vorsitzende des Bundesverbandes Bürgerinitiativen Umweltschutz, Hans Günter Schumacher, hatte bereits 1978 geschrieben:

"Dass auf diesen in Fahrt geratenen Zug (zur grünen Partei) auch solche Splittergruppen aufzuspringen versuchen, die sich seit Jahren vergeblich um die Gunst der Wähler bemühen, weil sie weder inhaltlich-programmatisch noch personell akzeptabel sind, war zu erwarten. Sie werden aber deshalb nicht über Nacht salonfähiger, weil sie plötzlich ihr Herz für den Umweltschutz entdeckt zu haben vorgeben."[3]

Solche Splittergruppen, die sich an alles Neue anhängen, um Einfluss zu gewinnen, haben schon früh ihr Ziel erreicht. Sie haben in Programmkommissionen und Führungsgremien der Grünen ideologisch die Oberhand gewonnen. Das wurde möglich, weil man beim Gründungsparteitag im Januar 1980 in Karlsruhe mit knapper Mehrheit die Doppelmitgliedschaft von Kommunisten zugelassen hatte. Dieser Beschluss wurde später zwar wieder aufgehoben. Nun aber lösten sich verschiedene kommunistische Vereinigungen zugunsten des Engagements bei den Grünen auf.

Das Gründungsmitglied und der ehemalige Landesvorsitzende der Grünen in Rheinland-Pfalz, E. Paulitz, musste vier Jahre später feststellen:

"Bei allen örtlichen und regionalen Unterschieden kann man heute sagen, dass in allen Landesverbänden und bundesweit bei den Grünen sich diejenigen Kräfte durchgesetzt haben, die letztlich eine andere Republik wollen. Um eine ökologische Politik im Interesse aller geht es diesen Leuten nicht."

Und weiter:

"Mir scheint, dass niemand die Struktur sowie Strategie und Taktik der Grünen so klar erkennt und analysiert wie Heiner Geißler" (Die Welt, 24.10.1984).

CDU-Generalsekretär Heiner Geißler hatte am 20.9.1984 in einer Pressemitteilung geschrieben: „Die Grünen haben sich zu einer öko-marxistischen Radikalopposition entwickelt, für die der Umweltschutz lediglich ein Vehikel zur Systemveränderung ist. In der Melonenpartei (außen grün - innen rot) haben die wirklichen Umweltschützer heute keinen wesentlichen Einfluss mehr."

---

[3] H.G. Schumacher, Verhältnis des Bundesverbandes Bürgerinitiativen Umweltschutz zu den Umweltparteien, in: R. Brun (Hg.), Der grüne Protest. Herausforderung durch die Umweltparteien, Frankfurt/M. 1978, S. 69.

Ein Blick in das Bundesprogramm

der Grünen aus der Gründungszeit bestätigt diese Aussagen. Dort finden wir u.a. folgende Forderungen (wie die Zitate aus neueren Programmentwürfen im zweiten Teil dieses Heftes zeigen, sind die Grünen heute in verschiedenen Bereichen eher noch radikaler):

- „Die Großkonzerne sind in überschaubare Betriebe zu entflechten, die von den dort Arbeitenden demokratisch selbstverwaltet werden" (Enteignung der Unternehmer). Zur Überwachung der Betriebe sind „Wirtschafts- und Sozialräte" notwendig (Bundesprogramm 1980, S. 7).

- „Uneingeschränktes Streik- und Koalitionsrecht" und gleichzeitig „Verbot der Aussperrung" (a.a.O., S. 9).

- „Abbau der Bundeswehr" und „Verbot der Bundeswehr, an Schulen für sich zu werben" (S. 19).

- „Unterstützung von Befreiungsbewegungen" (diese sind fast überall marxistisch geprägt); gleichzeitig „keine wirtschaftliche, militärische, waffentechnische und geheimdienstliche Zusammenarbeit mit faschistischen und rassistischen Regimen" (kommunistische werden nicht genannt) (S. 21).

- „Wir wenden uns mit aller Entschiedenheit gegen Berufsverbote und gegen das Prinzip, dass politische Ansichten, Aktivitäten und Organisationszugehörigkeit zur Beurteilung für die Anstellung im öffentlichen Dienst herangezogen werden ... Wir fordern u. a., die vorhandenen Überwachungsdateien zu vernichten und keine neuen anzulegen" (das käme nur politischen Extremisten zugute) (S. 31).

– „Meinungs-, Informations- und Pressefreiheit dürfen den Strafgefangenen nicht länger vorenthalten werden" (das begünstigt v.a. politisch aktive Gefangene, z.B. auch Terroristen) (S. 31).

– „Die Schule soll die Schüler in die Lage versetzen, die den gesellschaftlichen und individuellen Konflikten zugrundeliegenden Interessen zu durchschauen. Sie sollen die Fähigkeit bekommen, zwischenmenschliche Konflikte auf solidarische Weise zu lösen, eigene Interessen zu formulieren und ihnen durch gemeinsames Handeln Nachdruck zu verleihen" (Grundforderungen einer emanzipatorisch-neomarxistischen Pädagogik) (S. 40).

Während die direkten kommunistischen Stimmen bei den Grünen in der Anfangszeit lautstark anzutreffen waren, sind heute eher die neomarxistischen Einflüsse vorherrschend. Man kann sagen: Die heutigen Grünen sind ein verspätetes Kind der neomarxistisch geprägten 68er-Studentenrevolte. Die Saat, die damals gelegt wurde, geht jetzt auf.

Heute wie damals richtet sich der Protest gegen den Rationalismus, den Wohlstandsmaterialismus, die Sinnentleerung und die unbewältigte Vergangenheit der älteren Generation. Heute wie damals wird die "Rettung" darin gesehen, dass sich der Mensch aus allen überkommenen Strukturen löst, die Gesellschaft verändert und sich selbst autonom seine Werte setzt. Die bestehende "alte" Gesellschaft soll zerschlagen werden; die "neue" Gesellschaft wird in hellen, aber verschwommenen Zukunftsfarben vor Augen gemalt. Die "große Weigerung" (H. Marcuse), das "Aussteigen" wird propagiert. Der neue, über sich selbst bestimmende Mensch soll in "Basisgruppen" entstehen.

Die Grünen haben nicht nur Programmpunkte, sondern auch die

Taktik der Neomarxisten

übernommen: die Strategien der moralischen Überbietung, der Veränderung der Sprache und der Konfliktinszenierung.

1. Strategie: Moralische Überbietung: Mehr Demokratie, mehr Gerechtigkeit, mehr Menschlichkeit usw. werden gefordert. Die bestehenden Zustände werden als unannehmbar gezeichnet. Die Forderungen werden immer höher getrieben, bis der Staat nicht mehr kann und moralisch (oder finanziell) bankrottgeht.

2. Strategie: Veränderung der Sprache: Neue Wörter („Technokrat", „Establishment", „Besatzer", „sit in" usw.) werden eingeführt. Unerwünschte Wörter („Ehrfurcht", „Anstand", „Ordnung", „Zucht", „Heimat", auch „Ehe", „Familie" usw.) werden ausgemerzt oder lächerlich gemacht. Durch Bevorzugung bestimmter Schlagwörter und Klischeevokabeln („Kapitalist", „Ausbeuter", „Fremdbestimmung", „Selbstverwaltung" usw.) erfolgt eine Bewusstseins- und Wirklichkeitsverengung: Das Denken ist nur noch in bestimmten, ideologisch vorgegebenen Bahnen möglich.

3. Strategie: Konfliktinszenierung: Konflikte werden bewusst vom Zaun gebrochen und danach als Folge der bestehenden Herrschaftsverhältnisse gedeutet. Steinwürfe, Hausbesetzungen, Lächerlichmachen des Andersdenkenden, provozierendes Auftreten, Chaotisierung der Parlamente - all das gehört zu dieser Methode. Vier Ziele werden dadurch angestrebt: a. Die spektakuläre Aktion soll die Aufmerksamkeit der Öffentlichkeit wecken. - b. Die Anhänger der eigenen Gruppe sollen in der Auseinandersetzung mit dem „Feind" lernen, besser zusammenzuhalten. - c. Die „Etablierten" sollen eingeschüchtert werden. - d. Die „Brüchigkeit des bestehenden Systems" soll offenbar werden.

Beispiele für solche Konfliktinszenierungen z. B. im Deutschen Bundestag bietet das (bewusst und gezielt) chaotische Auftreten der Grünen dort zur Genüge. Inzwischen verhalten sie sich zwar – nach dem Zurückdrängen der „Fundis" – etwas ruhiger und taktisch klüger. Sie gelten dadurch bei vielen als „etablierter" als in ihrer Anfangszeit. Aber in ihren Forderungen sind sie genauso radikal geblieben, wie ein Blick in neuere Programme zeigt (siehe unten). Das Schlimme ist nur, dass radikale Programminhalte der Grünen immer mehr in die öffentliche Meinung – und zum Teil auch in andere Parteien – eingesickert sind, so dass die von diesen ausgestreute Saat immer mehr aufgeht.

Durch ihre Tendenzen zur Auflösung der bestehenden Werte und zur Zerschlagung der bestehenden Gesellschaft müssen

Neomarxisten und Grüne jedoch als Wegbereiter des Kommunismus oder ähnlicher Ideologien gesehen werden. Dass diese Feststellung nicht übertrieben ist, wird durch die Austritte bestätigt, die es seit der Gründung der Grünen in nicht geringer Zahl gegeben hat, besonders durch den

Austritt der Wertkonservativen

Schon ein halbes Jahr nach Gründung der Grünen 1980 trat nämlich etwa ein Drittel der Mitglieder wieder aus der Partei aus. Es war der Kreis um den ehemaligen CDU-Bundestagsabgeordneten und Gründer der "Grünen Aktion Zukunft" Herbert Gruhl.

Gruhl hatte 1975 den Bestseller "Ein Planet wird geplündert" geschrieben und bei vielen das ökologische Interesse geweckt. Nun warf er den Grünen einen Rückfall in den Materialismus vor, der mit ihren marxistischen Wirtschafts- und Gesellschaftsvorstellungen unlösbar zusammenhänge. Sie hätten eine wirkliche ökologische Politik preisgegeben, indem sie nach dem Negativ-Vorbild der „alten" Parteien dem Wähler alles versprächen.

Aus der Krise herausführen könne aber nur eine Politik des Verzichts, ein Zurückschrauben der Ansprüche auf materiellem Gebiet, wobei einer Steigerung der geistigen Ansprüche keine Grenze gesetzt sei. Die Grünen seien einer verhängnisvollen ideologisch-marxistischen Fixierung verfallen, die zu bemerkenswerten Inkonsequenzen (z.B. auch in puncto Abtreibung) und Utopien (z.B. in puncto Friedenssicherung) führe.

Bei den Grünen wurden Gruhl und ähnlich Denkende nicht mehr gehört. Sie sahen sich zur Gründung einer neuen „grünen" Partei, der Ökologisch-Demokratischen Partei (ÖDP), gezwungen, die „wertkonservative" Ziele verfolgen sollte. Sie opponiert nun als grüne Splitterpartei nicht nur gegen die sogenannten etablierten Parteien, sondern auch gegen die Partei „Die Grünen. ("Wertkonservativ" soll heißen: "Werte erhalten, nicht zerstören";

"wertkonservativ" bedeutet im Blick auf die Natur "bewahren, nicht plündern" und im Blick auf die Gesellschaft "bewahren, nicht umstürzen". Angestrebt wird Reform statt Revolution).

Wie aber ging die Entwicklung bei den Grünen selber weiter? Nach dem Ausscheiden der Wertkonservativen kam es vollends zum

Eindringen extremer Gruppen

Sie fanden nun in der jungen Partei "Die Grünen" eine geeignete Plattform und ein erfolgversprechendes Betätigungsfeld. Meist handelt es sich um Gruppen, die im Gefolge des Neomarxismus entstanden sind oder weltanschauliche Impulse von ihm beziehen.

Zu denken ist etwa an die feministisch geprägte "neue" Frauenbewegung. Diese kämpft - im Gegensatz zur großenteils christlich geprägten Frauenbewegung des 19. Jahrhunderts - nicht mehr nur für eine Gleichstellung, sondern für eine (unbiblische) Gleichmachung der Geschlechter. Sie kämpft für eine Aufhebung sämtlicher sexueller Tabus und die totale Freigabe der Abtreibung.

Zu denken ist auch an die Gruppen, die sich für eine Anerkennung und "Gleichberechtigung" sexueller Perversionen wie Homosexualität, Lesbianismus, Bisexualität, Verkehr mit Kindern usw. einsetzen – Radikalforderungen einer grünen Ideologie, die inzwischen teilweise auch in andere Parteien und sogar in verschiedene Kirchen eingedrungen sind.

Die Homosexuellen-Bewegung stellt in ihren wichtigsten Zielen eine *Parallele zur Frauenbewegung* dar. Wie sich die Frauenbewegung für die „Gleichberechtigung von Lesben" einsetzt, so setzt sich die Homosexuellen-Bewegung für die „Gleichberechtigung von Schwulen" ein. Die ideologischen Grundlagen beider Bewegungen finden wir hauptsächlich im *Neomarxismus* mit seinem Programm der Zerschlagung aller sexuellen Tabus.

Wenn auch die meisten Homosexuellen keine Neomarxisten sind, so gab doch der Neomarxismus im Gepräge der Frankfurter Schule radikalen Gruppen die gedankliche Grundlage und „Legitimation", sich zu politischen Aktivitäten zu formieren.

H. P. Föhrding, selbst Homosexueller, berichtet über die Geschichte der deutschen Homosexuellen-Bewegung:

„Im Jahr 1971, kurz nach der ersten Liberalisierung des Paragraphen 175, entstanden die ersten Selbsthilfegruppen der Homosexuellen in der Bundesrepublik und in West-Berlin. Im Gegensatz zum militanten Protest amerikanischer Homosexueller, die sich erstmals 1969 zusammenschlössen, um die willkürlichen Razzien und zahlreichen Verfolgungen durch die Polizei abzuwehren, verstanden sich die deutschen Gruppen nicht als politische Kampforganisationen. Hier ging es um die Aufarbeitung der persönlichen Probleme aufgrund der homosexuellen Orientierung sowie um deren Bewältigung, darüber hinaus wurde versucht, gemeinsame Verhaltensstrategien zu entwickeln. Da viele Gruppenmitglieder aus der 68er Studentenbewegung kamen, bestand auch ein großes Bedürfnis nach Theoriediskussion und Grundsatzpapieren. Doch eine Lobby für die Interessen der Homosexuellen wollten die Gruppen nicht sein. Erst die Überwindung der Angst vor der eigenen Homosexualität, das Vertrauen in die individuelle Unabhängigkeit und gemeinsame Stärke, das Gefühl, auch als Homosexueller Leistung erbringen und Anerkennung erreichen zu können wie andere - erst das erlaubte es den Gruppenmitgliedern, über ihren Kreis hinauszugehen und an die Öffentlichkeit zu treten. Diesen Emanzipationsprozeß, nämlich die Befreiung von inneren und äußeren Zwängen, in Gang gebracht zu haben ist sicherlich das wichtigste und vordringlichste Verdienst der Homosexuellen-Gruppen."[4]

---

[4] H. P. Föhrding, Selbsthilfegruppen - Ausweg aus der Subkultur, in: Wiedemann H. S., Homosexuelle Liebe. Für eine Neuorientierung in der christlichen Ethik, Stuttgart/Berlin 1982, S. 175.

Im Einklang mit der Homosexuellen-Bewegung und den Erkenntnissen einer „modernen" (d. h. neomarxistisch geprägten) Sexualwissenschaft setzten sich die Grünen bereits im Bundesprogramm 1980, S. 39 (und ähnlich im Bundesprogramm, S. 39) unter anderem für folgende Ziele ein:

- „Der [...] § 175 muß ersatzlos aus dem Strafgesetzbuch gestrichen werden." - „Die §§ 174 und 176 StGB sind so zu fassen, daß nur Anwendung oder Androhung von Gewalt oder Mißbrauch eines Abhängigkeitsverhältnisses bei sexuellen Handlungen unter Strafe zu stellen sind." (Mit anderen Worten: Die (homo-)sexuelle Verführung Minderjähriger soll zugelassen werden, soweit sie ohne „Gewalt oder Mißbrauch eines Abhängigkeitsverhältnisses" geschieht!)

- „Streichung des Krankheitsbegriffs ‚Homosexualität' aus den deutschen Registern der Weltgesundheitsorganisation."

- Änderung des Grundgesetzes, Artikel 3, III, wie folgt: „Niemand darf wegen seines Geschlechts, SEINER SEXUELLEN ORIENTIE-RUNG ... benachteiligt oder bevorzugt werden" (Hervorhebung im Original).

- „Scheidungserleichterung für Lesben, wenn sie ihre Homo-sexualität feststellen."

- „Heterosexualität, Ehe und Familie dürfen nicht als einzig mögliche Lebensform dargestellt werden."

In einem Flugblatt der Grünen in Baden-Württemberg zur Landtagswahl 1984 hieß es unter der Überschrift „Gleichberechti-gung für Schwule und Lesben" noch deutlicher:

- „Die Grünen streben eine Gesellschaft ohne sexuelle Unterdrückung und Tabuisierung an, in der jedem Menschen zugebilligt wird, seine Sexualität frei zu entfalten und befriedigende Beziehungen zu finden, eine Gesellschaft, in der homosexuelle wie andere Lebensweisen, die sich nicht an der herkömmlichen Familienstruktur ausrichten, als selbstverständlich akzeptiert werden."

- „Im schulischen Sexualkundeunterricht müssen homosexuelle Beziehungen als eine der möglichen Beziehungsformen dargestellt werden, die den/die einzelne(n) ebenso befriedigen kann wie jede andere. Schulbücher sowie Lehrerausbildung und -fortbildung sind dementsprechend auszurichten. Schwule und lesbische Schüler/innen dürfen an Selbstorganisation und Aktivitäten in den Schulen nicht gehindert werden."

- In psychologischen Beratungsstellen sollen „die gesellschaftlichen Ursachen von Antihomosexualität (!) dargestellt und die Betroffenen zu Selbstakzeptanz (Selbstannahme) ermutigt werden".

- „Ansätze einer fortschrittlich-emanzipatorischen Sexualwissenschaft müssen gefördert werden."

Es erübrigt sich die Feststellung, daß durch „einen fortschrittlichen Sexualkundeunterricht, der die Schüler befähigt, ihre Sexualität frei und ohne Ängste zu entwickeln und ihr anerzogenes Rollenverhalten abzubauen", nicht nur „Homosexualität und Heterosexualität als gleichwertige Ausdrucksformen menschlicher Sexualität anerkannt" werden, sondern konsequenterweise irgendwann auch Sodomie (Verkehr mit Tieren), Inzest (Verkehr mit nahen Blutsverwandten), Polygamie (Vielehe) u. ä. Wo göttliche Maßstäbe nicht mehr gelten, gibt es keine sexuellen Perversionen mehr, sondern nur noch „gleichwertige Ausdrucksformen menschlicher Sexualität".

Neben und mit dem Eindringen solcher Gruppen vollzog sich das

Eindringen von Ideologien

Drei Ansätze zur Ideologienbildung, die für die Grünen maßgeblich sind, möchte ich hervorheben: den Relativismus, den Optimismus und den Illusionismus.

Die Grünen sind *Relativisten*. "Alles ist relativ", heißt der Wahlspruch einer Generation, die in der Sinnkrise steckt. Die Relativierung, d.h. die Verwässerung aller Werte ist damit vorprogrammiert. "Das Leben hat ja doch keinen Sinn. No Future! Also leben wir, wie es uns gerade Spaß macht." Aus dieser Haltung ergibt sich also einerseits eine Auflösung der bestehenden Werte.

Andererseits sind die Grünen *Optimisten*, d.h. sie glauben an das Gute im Menschen. Sie glauben daran, dass der Mensch selbst seine Werte neu schaffen kann. Das sind nun aber keine von Gott gesetzten absoluten Werte, sondern von Menschen gesetzte relative Werte. Sie sind immer nur solange gültig, bis irgendeiner Einspruch erhebt, und werden ständig weiter diskutiert. Daraus erklärt sich die - gewollte! - Instabilität bei den Grünen und ihr oft chaotisches Auftreten.

In den ideologischen Ansätzen von Relativismus und Optimismus gelangen übrigens die Philosophie der Aufklärung, v.a. Rousseaus, und das Modell der "herrschaftsfreien Kommunikation" des Neomarxisten Habermas zum Durchbruch.[5]

Schließlich sind die Grünen *Illusionisten*. Sie verfallen der Illusion, dass der vermeintlich gute Mensch irgendwann einmal aus eigener Kraft die "heile Welt", die vollkommene Gesellschaft und das Weltfriedensreich schaffen könnte. Diese Ansicht ist insbesondere bei der Friedensbewegung zu finden, von der weite Teile mit den Grünen sympathisieren. Viele Grüne verfallen außerdem der Naturschwärmerei, d.h. sie erwarten aus der Verbindung von Mensch und Natur das Heil und beten Naturgottheiten an. Vor allem beim starken feministischen Flügel der Grünen finden wir einen erschreckenden Rückfall in heidnische Natur-, Hexen- und Fruchtbarkeitskulte.

---

[5] Vgl. die ausführliche Analyse der grünen Ideologie in meinem Buch „Die Grünen – eine Alternative?", Neuhausen 1985.

Manon Maren-Grisebach, ehemaliges Bundesvorstandsmitglied der Grünen, schreibt beispielsweise in ihrem programmatischen Buch "Philosophie der Grünen" (München/Wien 1982):

„Die Naturnähe der Frauen ist ein uns von lang her vererbter Besitz. Alle frühen Schöpfungsmythen und alten Kulte verehren eine Muttergöttin (es folgt die Aufzählung von Gäa, Demeter, Shing-Moo, Kybele, Astarte, Ischtar, Isis; d. Verf.) ... Von den Eskimos bis Neuseeland, von Brasilien bis Ägypten glänzt die Feier der großen Göttinnen der Natur. Funken sprühen davon auf in den naturheilkundlichen Tätigkeiten der Hexen und Kräuterweiber" (S. 95 u. 97).

„Für unseren Aspekt des Philosophischen ist die Naturnähe der matriarchalischen Mythologie ... wichtig ... Den Himmel bewohnt die helle, jugendliche Göttin, verkörpert im jagenden Mädchen; auf der Erde wirkt die lebenerhaltende Frauengöttin, die mit ihrer erotischen Kraft Land und Gewässer, Tiere und Menschen fruchtbar macht, und unter der Erde ist das Reich der 'Alten Frau`, der Todesgöttin, die alles Leben in den Abgrund zieht, aber auch wieder auferstehen lässt" (S. 101 f.).

Und dann liest man erstaunt: „Die Dreifaltigkeit in der christlichen Religion ist zwar eine Fortführung, die aber immer mehr an Einfluss verlor" (S. 102).

Alles in allem müssen wir von einer Tendenz zu Neomarxismus und neuheidnischer Naturmystik bei den Grünen sprechen. Wie diese ideologischen Einflüsse in den Programmen und Zielsetzungen der Grünen wirksam werden und in Widerspruch zu einem der biblischen Offenbarung verpflichteten christlichen Glauben treten, zeigt z.B. ein Vergleich mit den Zehn Geboten der Heiligen Schrift (2. Mose 20,2-17):

Die Grünen und die Zehn Gebote

(10 Gebote nach lutherischer Zählung; Zitate aus den Programmen der Grünen)

1. Gebot: Ich bin der HERR, Dein Gott. Du sollst keine anderen Götter neben mir haben.

Die Grünen vertreten die Selbstvergottung des Menschen:

a) Hinter ihren Forderungen nach totaler „Selbstbestimmung" und „Autonomie" (Selbstgesetzgebung) verbirgt sich die Ursünde des Menschen, selbst sein zu wollen wie Gott und sich selbst - sei es als einzelner oder im Kollektiv der Gruppe - Gebote zu geben (1. Mose 3 5).

b) Der „Glaube an den guten aktivierbaren Kern im Menschen" (etwa in der Friedensfrage) verharmlost den Ernst der Sünde und schreibt dem Menschen gottähnliche Kräfte zu (z. B. zur Schaffung eines Weltfriedensreiches), die er aber in sich selbst nicht hat (1.Mose 8,21; Jesaja 48,22; Römer 3 und 7).

c) Viele Grüne betreiben eine Verehrung von Naturkräften und Naturgottheiten, sei es in der pantheistischen Form eines „mystischen Einheitsgefühls mit allem Lebendigen", sei es in der Wiederbelebung heidnischer Naturkulte und der Verehrung von „Muttergottheiten'" (v. a. durch den Feminismus).

2. Gebot: Du sollst den Namen des HERRN, Deines Gottes, nicht missbrauchen.

Mit dem zum 1. Gebot Gesagten liegt die Gefahr eines Missbrauchs des Gottesnamens auf der Hand. Wo mit „Gott" nicht mehr der eine, lebendige, persönliche und unendliche Gott gemeint ist, wie ihn uns die Bibel schildert, wird das Wort „Gott" zu einer (scheinbar) beliebig auswechselbaren Hülse für die vielen selbstgeschaffenen

Götter und Götzen des Menschen.

3. Gebot: Du sollst den Feiertag heiligen.

4. Gebot: Du sollst Deinen Vater und Deine Mutter ehren.

Die Grünen betreiben die Zerstörung der Familie. Sie propagieren in ihren Programmen und in ihrem Auftreten, dass "Heterosexualität, Ehe und Familie nicht als einzig mögliche Lebensform" dargestellt werden dürften (vergleiche 6. Gebot). Sie fordern „kritische Mündigkeit", „Kinderräte", „Wohnkollektive" und „Ausreißer-Selbsthilfegruppen" für Kinder. Sie verlangen, dass sich Eltern oder andere Bezugspersonen „zurückziehen, sobald Kinder und Jugendliche dies wollen". In ihrer antiautoritären Einstellung schreiten viele Grüne weiter zur Ablehnung der Autorität des Staates, der Gesetze, der Kirchen, der Bibel usw.

5. Gebot: Du sollst nicht töten.

Die Grünen fordern Straffreiheit bei Abtreibung, etwa in Form der völligen Streichung des Paragraphen 218 des bundesdeutschen Strafgesetzbuches. Hier wirkt sich das einseitige Pochen auf "Selbstbestimmung" und "Autonomie" der Frau besonders verhängnisvoll aus (vergleiche 1. Gebot). Aller Einsatz der Grünen für Frieden, Tier- und Umweltschutz wird aber unglaubwürdig, wenn sie sich nicht auch für den Schutz des schwächsten Gliedes der menschlichen Gemeinschaft, des ungeborenen Kindes, einsetzen.

6. Gebot: Du sollst nicht ehebrechen.

Die Grünen betreiben die Zerstörung der Ehe durch Propagierung der „sexuellen Revolution". Sie bezeichnen „Homosexualität und Heterosexualität" als „gleichwertige Ausdrucksformen menschlicher Sexualität", setzen sich für „sexuelle Außenseiter" ein, verlangen „Scheidungserleichterung für Lesben", fordern die „kostenlose Abgabe" von Verhütungsmitteln und empfehlen, dass Jugendliche und auch schon Kinder „ihre Sexualität frei entwickeln" (Aufruf zu vor- und außerehelichem Geschlechtsverkehr).

7. Gebot: Du sollst nicht stehlen.

Die Grünen haben ein gestörtes Verhältnis zum Privateigentum: "Grund und Boden, Naturschätze, Produktionsmittel und Banken sollen in neue gesellschaftliche Formen des Eigentums überführt werden" (Die Grünen: ... sinnvoll arbeiten - solidarisch leben, S. 7).

8. Gebot: Du sollst kein falsches Zeugnis reden gegen Deinen Nächsten.

9. Gebot: Du sollst nicht begehren Deines Nächsten Haus.

Siehe 7. Gebot.

10. Gebot: Du sollst nicht begehren Deines Nächsten Frau, Knecht, Magd, Rind, Esel noch alles, was dein Nächster hat.

Siehe 6. und 7. Gebot.

Wie ein Kommentar hierzu lesen sich folgende Voraussagen aus 2. Timotheus 3,1-9:

„Das sollst du aber wissen, dass in den letzten Tagen schlimme (= wilde, besessene) Zeiten kommen werden. Denn die Menschen werden nur sich selbst, ihr Geld und ihre Ehre lieben. Sie werden sich selbst groß machen und Gott lästern. Sie werden ihren Eltern nicht gehorchen, undankbar sein und alles Heilige in den Schmutz ziehen. Sie werden sich anderen gegenüber lieblos und unversöhnlich, verleumderisch und hemmungslos verhalten. Fanatisch werden sie ihre Ziele verfolgen und doch das Gute verfehlen. Verräter sind sie, Hitzköpfe und eingebildete Narren. Sie lieben die Lüste mehr als Gott, täuschen Gottesfurcht vor und rechnen doch nicht mit seiner Macht. Solche Menschen meide! Zu diesen gehören, die hin und her in die Häuser schleichen und hemmungslose Frauen umwerben, die mit Sünden beladen sind und von mancherlei Lüsten umgetrieben, die immer lernen und doch nie zur Erkenntnis der Wahrheit kommen. So wie Jannes und Jambres sich dem Mose widersetzten, so stellen sich auch diese gegen die Wahrheit. Es sind Menschen mit zerrütteten Sinnen, untüchtig zum Glauben. Aber sie werden es nicht lange treiben, denn ihre Dummheit wird jedermann offenbar werden, wie es auch bei jenen geschah."

Das Gespräch mit den Grünen

Kann ein Christ nach allem, was wir über die Ideologie der Grünen herausgearbeitet haben, in ein Gespräch mit ihnen eintreten? Grundsätzlich durchaus. In der Diagnose von Missständen in der Welt und im Willen zur Abhilfe können Christen und Grüne in manchen (nicht in allen) Punkten eine Übereinstimmung finden.

Sehr viel schwieriger wird aber eine Übereinstimmung in den Fragen nach Ziel und Weg der Abhilfe. Und vollends unmöglich ist ein Zusammengehen im ideologischen Fundament. Ein Christ kann (und sollte!) vielfach die Beunruhigung der Grünen teilen; ihre Weltanschauung kann er nicht übernehmen.

Ich möchte hier – gleichsam als Kurzwegweiser zum Gespräch mit Grünen – stichwortartig zusammenfassen, wozu ein Christ in einem solchen Gespräch Ja sagen kann und wo ihm von Gottes Wort her ein entschiedenes Nein geboten ist. Dabei ist zu beachten, dass die Ja-Teile nicht unmittelbar mit Forderungen und Programmpunkten der Grünen identisch sind, sondern lediglich in diesen enthaltene positive Aspekte bezeichnen. Ich benutze nicht das Vokabular der Grünen, sondern formuliere vom Christlichen her.

Ja und Nein zu Zielen der Grünen

1. JA zu einem schonend haushaltenden Umgang mit der Schöpfung in Verantwortung vor Gott, ihrem Schöpfer (1. Mose 2,15; 3. Mose 25,23; Psalm 8,5 ff. u. a.).

NEIN zu einer Vergötzung von Naturkräften und Naturgottheiten (z. B. im Feminismus) (Jeremia 2,13; Galater 4; Kolosser 2 u. a.).

2. JA zum Einsatz für den Frieden im Wissen um die menschliche Sünde und Unfähigkeit und im Vertrauen auf die Kraft Jesu Christi (Jesaja 53,5; Johannes 14,27; Römer 5,1; Galater 5,22; Epheser 2,14; Offenbarung 21 u. a.).

NEIN zur Utopie eines allein von Menschen zu schaffenden Weltfriedensreiches im illusorischen Vertrauen auf einen guten aktivierbaren Kern im Menschen. (1. Mose 8,21; Psalm 51,4; Jesaja 48,22; Jeremia 6,13 f.; Römer 3 u. a.).

3. JA zum konsequenten Einsatz für das Leben von Mensch, Tier und Umwelt (1. Mose 2,15; 5. Mose 22,1 ff.; Sprüche 12,10ff.; Jesaja 11,6ff.; Römer 8,18 ff. u. a.).

NEIN zur Tötung des Kindes im Mutterleib (2. Mose 20,13; Psalm 22,11; 71,6; 139,13 ff.; Jesaja 46,3; Jeremia 1,5; Lukas 1,15.41.44).

4. JA zur Gleichwertigkeit und Gleichberechtigung von Mann und Frau (1. Korinther 12,27; Galater 3,28; Epheser 5,21 ff u. a.).

NEIN zur behaupteten Gleichartigkeit. und Gleichmachung. von Mann und Frau (1. Mose 1,27 f.; 5,1 f.; 5. Mose 22,5; 1. Korinther 7,17 ff.; Epheser 5,21 ff. u. a.).

5. JA zur Liebe gegen Sünder, die tätige Hilfe und den Zuspruch der Vergebung einschließt (3. Mose 19,18; Matthäus 9,12 f.; Johannes 8,11; 1. Johannes 1 ff. u. a.).

NEIN zum Gutheißen der Sünde, z. B. der Unzucht und sexuellen Perversion (3. Mose 18; 5. Mose 22,13 ff.; Matthäus 19,1 ff.; Johannes 8,11; Römer 1 ,26 ff.; 1. Korinther 5 f.; Hebräer 13,4 u.a.).

6. JA zum Einsatz für mehr Demokratie und Menschenrechte auf konstruktivem und legalem Weg (Galater 3,28; Epheser 6,9; Philemon 16 u. a.).

NEIN zu illegalen, anarchistischen und staatszerstörenden Maßnahmen; nein zur (gezielten) Herbeiführung des Chaos und der zwangsläufig darauf folgenden Diktatur (Sprüche 11,11; Matthäus 22,15 ff.; Römer 13,1 ff.; 1. Petrus 2,13 ff. u. a.).

7. Deshalb: JA zu maßvollen und berechtigten Forderungen, die „der Stadt Bestes" (Jeremia 29,7) suchen.

NEIN zur neomarxistischen Taktik der „moralischen Überbietung", die aus einer Haltung der Staatsfeindschaft heraus nur die „Brüchigkeit des bestehenden Systems" aufzeigen will und daher gezielt Forderungen stellt, die unrealistisch oder unerfüllbar sind.

Die christliche Antwort

Ich komme zurück auf das am Anfang Gesagte: Die Grünen gehören zu jenem Teil einer "No-future"-Generation, der "pro future" kämpfen will. Sie suchen nach Hoffnung, nach Sinn, nach Zärtlichkeit, nach Gefühl, nach Natürlichkeit, nach neuen Formen der Spiritualität. Das ist verständlich. Denn in jedem Menschen steckt ein Ursehnen nach Sinn, nach innerem Frieden, nach Erfüllung, nach Glück. Wer aber soll, wer kann dieses Sehnen befriedigen?

Viele meinen: der *Wohlstand*. Immer mehr Menschen erkennen aber, dass der Wohlstand sie innerlich leer lässt. Ist der Wohlstand, der äußere Flitter weg, dann bleibt nichts zurück. Aber auch der

Wohlstand selber ist am Ende "nichts". Keiner kann etwas ins Grab mitnehmen.

Andere meinen: der *Mensch*. Dann beten sie den Menschen an und glauben an die Allmacht des Menschen. Schlagworte wie "Autonomie", "Selbstbestimmung" und "Emanzipation" gehen in diese Richtung.

Andere meinen: die *Natur*. Dann beten sie die Natur an und glauben an eine heilbringende Macht der Natur. Man kann sagen, dass sich weite Teile unserer Gesellschaft, vor allem in der alternativen und feministischen Bewegung, auf dem Weg in eine neuheidnische Naturreligion befinden. In diesem Zusammenhang ist auch die wachsende Beschäftigung mit dem Okkulten zu sehen.

Was sagt demgegenüber die Bibel? In biblischer Sicht erweisen sich alle diese Wege als Sackgassen. Der Mensch ist Sünder. Er, die Natur und erst recht der Wohlstand sind der Vergänglichkeit unterworfen. Wer hierauf vertraut, baut auf einen Grund, der nicht trägt.

Die Sehnsucht des Menschen kann nur *Einer* stillen. Nur *der* kann sie stillen, von dem der Mensch herkommt und nach dem er sich im Innersten seines Herzens zurücksehnt. Nur *der* kann sie stillen, der selber unvergänglich, allmächtig und barmherzig ist: *Gott*.

Die Tragik des modernen Menschen und der Grünen besteht darin, dass in so vielen Fällen der Protest gegen den Fortschritts- und Wohlstandsmaterialismus nicht zu dem einzig wirklichen Ziel der Sehnsucht, zu Gott, zurückführt, sondern hinein in neuheidnische Naturmystik und Naturreligion, in einen schwärmerischen Glauben an den Menschen und die vom Menschen zu bauende „paradiesische Gesellschaft". Neue Kälte, Frustration und Leere sind damit vorprogrammiert, weil der Mensch in sich weder das Gute noch die Kraft hierzu findet.

Die Grünen, die Bibel und Gott

Ziehen wir Bilanz Unter den Ansichten der Grünen finden sich manche Berührungspunkte mit dem christlichen Glauben. Diese Berührungen sind jedoch nur oberflächlich; das ideologische Fundament der Grünen ist eindeutig nichtchristlich.

Die Hauptwurzeln bilden – wie ich in meinen anfangs erwähnten Büchern nachgewiesen habe - der Rousseausche Glaube an die gute Natur des Menschen, die hinduistisch-buddhistisch-Schopenhauersche Lehre von der Nichtigkeit des Einzelwesens, der marxistisch-neomarxistische Glaube die vom Menschen zu schaffende diesseitig-paradiesische Gesellschaft sowie allgemein eine schwärmerische Erwartung des Heils aus allem Natürlichen (Naturtriebe, Naturmystik, Naturreligionen usw.). Die dialektische Relativierung alles Bestehenden führt zu einer Verwässerung und Auflösung sämtlicher Werte und Autoritäten.

Die Bibel betont hingegen die Verfallenheit jedes Menschen an die Sünde. Sie betont die Verantwortlichkeit, die Ansprechbarkeit und den Wert jedes einzelnen Menschen vor Gott. Sie betont die Gültigkeit der von Jesus bestätigten und gesetzten Gebote und Schöpfungsordnungen. Sie betont die Erlösungsbedürftigkeit jedes Menschen und zeigt als einzigen Weg zur Erlösung den Glauben an Jesus Christus, den für uns gekreuzigten und auferstandenen Sohn Gottes.

Die Bibel erteilt jeder Vergötzung der Natur, der gefallenen Geschöpflichkeit, eine Absage. Sie lehrt die Verantwortung des Menschen für die Schöpfung, aber zugleich auch das Vertrauen auf das Weltregiment Gottes, der durch Leiden und Dunkelheit hindurch seine Gemeinde sammelt und zu einem guten Ende führt. Allein Gott ist gut (Mt 19,17), und allein er kann deshalb das verlorene „Paradies" neu schaffen (Offb 21). Dies gilt es gegenüber allen Versuchen des Menschen, sich selbst und die Natur zu erlösen, klar zu sehen. Menschenwerk, so notwendig es ist, bleibt immer Vorläufiges; Gottes Wort aber schafft Bleibendes.

Ohne Umkehr zu Gott und Umwandlung des Herzens bleiben alle Bemühungen um eine bessere Welt letztlich "Leerlauf". Nur von Gott verwandelte Menschen können in der Lage sein, eine verwandelte Welt und Umwelt zu schaffen.

"Alternativ" ist das Stichwort. "Alternativ" heißt wörtlich: "anders geboren", "neu geboren", "wiedergeboren". Von solcher Neugeburt spricht die Bibel: "Ihr müsst von neuem geboren werden" (Joh 3,7) - neugeboren durch "Wasser und Geist" (Joh 3,5), durch den Glauben an Jesus Christus als Erlöser und Herr. Allein der neugeborene, wiedergeborene, gläubige Christ ist der wirkliche "Alternative". Und er allein kann der Welt die wirkliche Alternative bringen, indem er von der Liebe Jesu lebt und diese Liebe in eine von Hass geschüttelte Welt hineinträgt; auch in der Liebe zur Schöpfung.

Abschließend sei in sieben kurzen Thesen dargestellt, wie sich die Umwandlung des menschlichen Herzens durch Gott auf dem wichtigen Gebiet des Umweltschutzes auswirkt.

Wie verhält sich ein Christ gegenüber der Schöpfung?

1. Weil er Gott liebt, wird er auch die Schöpfung lieben – die Tiere, die Pflanzen, die Flüsse, die Seen – alles, was Gott geschaffen hat. Er wird die Schöpfung lieben um Gottes und um ihrer selbst willen, nicht um seines eigenen Vorteils oder seiner eigenen Gesundheit willen. Er wird freilich auch erkennen, dass er auf die Erhaltung der Schöpfung angewiesen ist, wenn er selbst überleben will.

2. Er wird die Schöpfung verwalten und nicht zerstören, so wie es der Menschheit ursprünglich von Gott aufgetragen war. Weil er sie nicht zerstören will, wird er so schonend wie möglich mit ihr umgehen.

3. Er wird Stimme für die „seufzende Kreatur" sein, die selbst nicht reden kann und die „wartet, dass Gottes Kinder offenbar werden" (Röm 8,19).

4. Er wird einen einfachen Lebensstil praktizieren aus Rücksicht auf die knapp werdenden Schöpfungsgüter und die Not der Hungernden. Er wird so planen, dass er das hat, was er wirklich zum Leben braucht, aber seinen Überfluss an Notleidende abgibt. Ein Unternehmer wird so wirtschaften, dass er durch sinnvolle Investitionen Betrieb *und* Arbeitsplätze erhält, aber nicht durch maßloses Jagen nach Profit zum Diener des Mammons wird (Mt 6,19ff. u. ö.).

5. Er wird kein Anhänger eines ungezügelten wirtschaftlichen Wachstums sein, das die Schöpfung zerstört, die Vorräte aufzehrt und unseren Kindern einen „geplünderten Planeten" (H. Gruhl) hinterlässt.

6. Er wird beispielhaft zu leben versuchen, in seinem eigenen Bereich mit einem verantwortlichen Leben beginnen und andere - auch Politiker - auf ihren Erhaltungs- und Verwaltungsauftrag gegenüber der Schöpfung hinweisen.

7. Bei alledem wird er wissen, dass er sich durch gute Werke (auch durch das gute Werk eines „einfachen Lebensstils") nicht den Himmel verdienen kann, sondern dass die guten Werke Früchte seines Glaubens sind. „Denn es gibt hier keinen Unterschied. Alle haben gesündigt und die Herrlichkeit verloren, die Gott ihnen zugedacht hatte, und werden ohne Verdienst gerecht aus seiner Gnade durch die Erlösung, die durch Christus Jesus geschehen ist" (Röm 3,23 f.).

Das Programm der Grünen unter der Lupe

Von Thomas Zimmermanns

Die aktuellen Ziele der Grünen

Die Partei Bündnis 90/Die Grünen gehört spätestens seit der Wiedervereinigung zu den einflussreichsten Parteien in Deutschland. Die Grünen sind keineswegs nur eine Partei des Umweltschutzes, wie ihr Name suggerieren mag, sondern schon seit ca. 1980 Vorreiter neomarxistischer, antiautoritärer und feministischer Bestrebungen - und nicht zuletzt auch einer der Hauptverfechter der Ziele der Homosexuellenbewegung und des Gender Mainstreaming. Ihre Programm-Inhalte kommen einer ideologischen Umerziehung der Gesellschaft gleich.

Von 1998 bis 2005 waren sie in einer Koalition mit der SPD an der Bundesregierung beteiligt. An Landesregierungen waren und sind sie seit 1982 beteiligt. Im Jahr 2011 haben sie ein weiteres wichtiges Ziel erreicht: Der grüne Politiker Winfried Kretschmann wurde Ministerpräsident eines großen Bundeslandes, nämlich von Baden-Württemberg.

Und doch stehen die Grünen nach ihren eigenen Aussagen mit der Durchsetzung ihrer Ziele erst am Anfang: „Deutschland hat auf dem Weg zu einer ... offeneren Gesellschaft einiges erreicht, aber in vielerlei Hinsicht haben wir gerade erst angefangen".[6] Dies muss gläubige Christen aufhorchen lassen, ja sogar alarmieren und macht eine erneute eingehende Bewertung ihres Programms und ihrer Zielsetzungen notwendig.

---

[6] Bundestagswahlprogramm 2013, A. Teilhaben. Einmischen. Zukunft schaffen. Warum es Zeit ist, dass sich was ändert, S.8.

In diesem Beitrag werde ich deshalb die aktuellen Ziele der Grünen v.a. anhand des aktuellen Programms dieser Partei, des Bundestagswahlprogramms 2013, das den Namen „Zeit für den Grünen Wandel" trägt, darstellen und aus christlicher Sicht analysieren, wobei ich mich diesem Anliegen entsprechend vor allem auf diejenigen Ziele und Programmpunkte konzentrieren werde, die Bezug zu christlich-biblischen Normen, Ordnungen und Grundwerten haben.

Das Menschenbild der Grünen

Das Menschenbild einer Partei beinhaltet eine entscheidende Weichenstellung hinsichtlich ihrer Ziele und ihrer programmatischen Ausrichtung in den Grundsatzfragen. Dieses soll daher an erster Stelle näher untersucht werden. Die Grünen gehen von einem Menschenbild aus, wonach der Mensch zugleich Natur- und Vernunftwesen ist.[7] Als Vernunftwesen sei er zu einem verantwortlichen Leben in Selbstbestimmung in der Lage. Als Naturwesen habe er die natürlichen Lebensgrundlagen zu bewahren und sich deshalb selbst Grenzen zu setzen.

Das „Leben in Selbstbestimmung" bedeutet für die Grünen die Leugnung der biblischen Gebote und Ordnungen als Grenzen der freien Entfaltung der Persönlichkeit. Das zeigt sich z.B. daran, dass die Selbstbestimmung für sie so weit geht, dass die Schwangere über Leben und Tod ihres ungeborenen Kindes bis zu seiner Geburt bestimmen darf[8] und dass die Straffreiheit des Rauschgiftbesitzes und -konsums gefordert wird.[9]

Hinter den Forderungen der Grünen nach totaler „Selbstbestimmung" und „Autonomie" jedoch verbirgt sich laut Lothar Gassmann „die Ursünde des Menschen, selbst sein zu wollen wie Gott und sich

---

[7] Präambel des Grundsatzprogramms der Grünen von 2002.
[8] O. Gleichberechtigung schaffen, 4. Über den Körper selbst bestimmen, S.246.
[9] G. Teilhaben an sozialer Sicherung, 4. Prävention, Hilfe und Entkriminalisierung statt Fortsetzung der gescheiterten Drogen- und Suchtpolitik, S.130 f.

selbst – sei es als Einzelner oder im Kollektiv der Gruppe – Gebote zu geben" (1. Mose 3; s.o.). Dies aber bedeutet eine Missachtung des Ersten Gebots „Ich bin der HERR, dein Gott. Du sollst keine anderen Götter neben mir haben".

Auch für Kinder wird von den Grünen „Selbstbestimmung" gefordert. Dies bedeutet eine weitgehende Einschränkung des elterlichen Erziehungsrechts, dessen Übertragung an staatliche Institutionen und eine Aufforderung an die Kinder zur Ablehnung und Verneinung der elterlichen Autorität - und damit eine Ablehnung und Bekämpfung des 4. Gebots.

Generell neigen die Grünen zu einem utopischen marxistisch-neomarxistischen Glauben an eine vom Menschen zu schaffende diesseitig-paradiesische Gesellschaft sowie zur schwärmerischen Erwartung des Heils aus allem Natürlichen (Naturtriebe, Naturmystik, Naturreligionen usw.).

Das Weltbild der Grünen ist ferner entscheidend vom Relativismus geprägt, wonach es keine verbindlichen und zeitlos gültigen Normen gibt mit der Folge, dass alles beliebig ist und die jeweils gültigen Normen nach den jeweiligen „Bedürfnissen" und „Notwendigkeiten" festgesetzt werden können. Wer demgegenüber an zeitlos gültigen Normen festhält, insbesondere wenn diese aus der Bibel hergeleitet werden, gilt als „Fundamentalist", als „Homophober" und als intolerant und damit als Feind. Toleranz gibt es nur gegenüber den eigenen Vorstellungen, ansonsten gilt: „Keine Toleranz der Intoleranz!".

Aus christlicher Sicht wäre hierzu festzustellen, dass der Mensch zweifellos Vernunft besitzt, weil Gott ihm im Unterschied zu den Tieren diese geschenkt hat. Auch hat der Mensch von Gott nicht nur den Auftrag erhalten, sich die Schöpfung untertan zu machen (1. Mose 1,28), sondern auch zu bewahren (1. Mose 2,15), was einen schonenden Umgang mit Umwelt und Natur gebietet.

Völlig unberücksichtigt bleibt beim Menschenbild der Grünen sowie in ihrem Programm jedoch, dass der Mensch Geschöpf Gottes ist und in der Verantwortung vor Gott steht. Gott hat dem Menschen Gebote und Ordnungen gegeben, die seiner „Selbstbestimmung" Grenzen setzen. Dies sind v.a. die Zehn Gebote sowie die Ordnungen von Eigentum, Ehe, Familie und Staat.

Auch verkennen die Grünen völlig, dass aufgrund des Sündenfalles sowohl der Mensch als auch die Natur nicht mehr „gut" sind. Der Mensch hat stattdessen eine ausgeprägte Neigung zum Bösen. Dies ist die eigentliche Ursache allen Übels in der Welt. Wir werden anhand des Programms der Grünen an zahlreichen Punkten sehen, dass ihr Menschenbild, das diese Tatsachen ignoriert und zugleich Gottes Gebote und Ordnungen verwirft, weitreichende theoretische und praktische politische Auswirkungen hat.

Das Demokratieverständnis der Grünen

Die Grünen treten nicht nur für die parlamentarisch-repräsentative Demokratie ein, sondern auch für Elemente der direkten Demokratie in Form von Volksinitiative, Volksbegehren und Volksentscheid. Dies ist an sich durchaus zu begrüßen, da dies den Bürgern die Möglichkeit zur unmittelbaren politischen Gestaltung und Einflussnahme unabhängig von den Parteien gibt.

Jedoch sollen Volksinitiativen, die darauf abzielen, die „Rechte von Minderheiten", die sich nach den Kriterien eines verfassungs- und europarechtlichen Gleichheitsartikels definieren, einzuschränken, nach dem Willen der Grünen unzulässig sein.[10] Dies bedeutet die Forderung eines Verbots von Volksinitiativen, Petitionen u.ä., die sich gegen Forderungen und Zielsetzungen von Homosexuellen-verbänden, Feministen und islamischer Verbände richten, und stellt damit einen eklatanten Verstoß gegen Grundsätze der Demokratie

---

[10] M. Demokratie erneuern, 1. Mitreden, gehört werden, mitentscheiden, S.206.

und einen schwerwiegenden Eingriff in die Meinungsfreiheit dar. Denn dies bedeutet nichts weniger, als dass Andersdenkenden die demokratischen Grundrechte verweigert werden sollen.

Gefordert wird an mehreren Stellen des Programms nur die Bekämpfung des Rechtsextremismus[11], nicht jedoch die des Linksextremismus, der für die Grünen ohnehin kaum zu existieren scheint. Stattdessen fordern die Grünen die Abschaffung der „Extremismusklausel", d.h. Vereine zur Bekämpfung des Rechtsextremismus sollen auch dann staatliche Fördermittel erhalten, wenn sie es ablehnen, sich ihrerseits zur Demokratie zu bekennen.[12] Unter der Großen Koalition 2013 wurde diese Klausel tatsächlich alsbald abgeschafft.

Daneben fordern die Grünen eine – nicht konkret bezifferte – Frauenquote in den Parlamenten, um „die Geschlechterparität bei den Mandaten zu befördern". „Denn zur Demokratie gehört Geschlechtergerechtigkeit", heißt es in dem Programm.[13] Und an anderer Stelle wird gefordert: „Die Hälfte der Macht den Frauen – eine verbindliche Quote einführen".[14] Gemeint ist damit eine gesetzliche Frauenquote für Aufsichtsräte und Vorstände in Unternehmen.

Die Besetzung von Parlamentsmandanten sowie Aufsichtsräten und Vorständen richtet sich damit nicht mehr nach dem Sachverstand der Bewerber und wird nicht mehr in freier Entscheidung der für die Besetzung dieser Ämter und Positionen Verantwortlichen vorgenommen, sondern ideologisch gelenkt und vorgegeben.

---

[11] Vgl. z.B. M. Demokratie erneuern, 6. Entschlossen gegen Rechtsextremismus, Rassismus und gruppenbezogene Menschenfeindlichkeit vorgehen, S.212 ff.

[12] aaO, S.213.

[13] M. Demokratie erneuern, 3. Demokratie im Alltag beleben, S.208.

[14] O. Gleichberechtigung schaffen, Schlüsselprojekte, S.251.

Die Grünen und der Schutz religiöser Bekenntnisse

Die Grünen fordern die ersatzlose Abschaffung des § 166 StGB, der die Beschimpfung von Kirchen und weltanschaulicher Vereinigungen sowie die Beschimpfung ihrer Bekenntnisse unter Strafe stellt,[15] und zwar mit der fast schon zynisch zu nennenden Begründung, dass „Gläubige in gleicher Weise vor Beleidigung und Hetze geschützt" seien wie andere Menschen auch.[16]

Vermutlich sind die Anfeindungen und Beschimpfungen, denen bekennende Christen in Deutschland schon seit mehreren Jahrzehnten in hohem Maße ausgesetzt sind und mit denen sie etwa als „Fundamentalisten" in die Nähe islamischer Terroristen gerückt werden, oder unter der Bezeichnung „Homophobe" als geistig und seelisch Kranke und zugleich als Menschenfeinde angesehen werden, für die Grünen keine Hetze und keine Beleidigungen.

Gleiches gilt für die zahllosen Filme, Kabarette und Theaterstücke, in denen Gott gelästert und christliche Glaubensinhalte verhöhnt und beschimpft werden, in denen etwa Jesus und seine Jünger als trunksüchtige Homosexuelle dargestellt werden[17] oder wo Gott als Schöpfer eines homosexuellen Paares uminterpretiert wird.[18]

Faktisch bedeutet die Forderung der Grünen nach Abschaffung des § 166 StGB, dass bekennende Christen künftig noch mehr ungestraft der Hetze und der Verunglimpfung ausgeliefert werden sollen, als sie es jetzt schon sind, und dass der Inhalt ihres Glaubens sowie auch Gott und Jesus Christus selbst weiterhin in übelster Weise beschimpft und verhöhnt werden dürfen. Dementsprechend heißt es in dem Programm der Grünen auch ausdrücklich:

---

[15] Allerdings nur dann, wenn dadurch der öffentliche Frieden gefährdet wird; hierdurch wird diese Schutznorm weitestgehend entwertet.
[16] N. BürgerInnenrechte stärken, 1. Sicherheit in den Dienst der Freiheit stellen, S.219.
[17] In dem Theaterstück „Corpus Christi" (2001)
[18] In dem Film „Götter wie wir" (2012).

„Kultur ist ein Medium der Freiheit und Individualität. Wo sie – auch unter dem Vorwand der ´Beleidigung religiöser Gefühle` – zum Angriffsziel menschenrechts- und demokratiefeindlicher Kräfte wird, werden wir entschlossen für sie Partei ergreifen".[19]

Anders sähe es selbstverständlich dann aus, wenn sich solche Beschimpfungen gegen den Islam, gegen Mohammed oder den Koran richten würden.

Darüber hinaus fordern die Grünen die Aufhebung des Tendenzschutzes und damit des Selbstbestimmungsrechts für die christlichen Kirchen im Arbeitsrecht. Sie fordern zum einen eine Änderung des AGG[20] dahingehend, dass seine Bestimmungen auch auf Beschäftigungsverhältnisse in kirchlichen Einrichtungen Anwendung finden.[21]

Das bedeutet, dass Kirchen und christliche Vereinigungen entgegen ihrer Glaubenslehre gezwungen sein sollen, homosexuelle, nicht- oder andersgläubige Mitarbeiter einzustellen, Frauen als Pfarrer oder Prediger einzustellen usw. Zum anderen fordern die Grünen, dass christliche Kirchen von ihren Mitarbeitern nicht mehr verlangen dürfen, dass sie ihr Leben auch außerhalb des Dienstes an den Lehren und Wertvorstellungen der betreffenden Kirche ausrichten.[22] Damit würde die bislang von unserer Rechtsordnung anerkannte und auf der gemeinsamen Glaubensüberzeugung gegründete Dienstgemeinschaft der Kirchen mit ihren Mitarbeitern abgeschafft werden.

---

[19] P. Kunst und Kultur beflügeln, 4. Anstoß für Demokratie und Menschenrechte, Nachhaltigkeit und Frieden, S.259.

[20] Allgemeines Gleichbehandlungsgesetz aus dem Jahr 2006.

[21] E. Teilhaben an guter Arbeit, 2. Gute Arbeit braucht einen effektiven Arbeitsschutz und starke Mitbestimmung, S.93.

[22] aaO.

Die Grünen und der Islam

Schon von Anfang an war es eine der Zielsetzungen der Grünen, das christliche Abendland abzuschaffen und durch multikulturelle und multireligiöse Staaten, Staatengemeinschaften und Gesellschaften zu ersetzen. Damit verbunden war und ist eine weitgehend positive Haltung gegenüber dem Islam.

Ihm gegenüber treten die Grünen nach wie vor für eine Politik der Gleichstellung und der Integration ein. Vor der Ablehnung des Islams und seiner politischen und religiösen Forderungen wird demgegenüber gewarnt und dies als „Islamfeindlichkeit" bezeichnet, die ebenfalls im Zusammenhang mit „gruppenbezogener Menschenfeindlichkeit genannt wird.[23]

Damit wird der Islam mit seinem politisch-religiösen Herrschaftsanspruch in unverantwortlicher Weise verharmlost, obwohl die Grünen eigentlich erkennen müssten, dass Koran und Scharia in vielen Punkten nicht nur christlichem Glaubens-, Staats- und Rechtsverständnis, sondern auch ihren eigenen Zielen diametral entgegenstehen, wie z.B. hinsichtlich der Rechtsstellung der Frau in Familie und Gesellschaft.

Ebenso müssten sie erkennen, dass es nicht nur eine unbedeutende Minderheit der Moslems ist, die eine islamische Staats-, Gesellschafts- und Rechtsordnung anstrebt, sondern ein großer Teil der in Deutschland und anderen europäischen Staaten lebenden Moslems. Die Förderung des Islams führt zur Beschleunigung der Entchristlichung von Staat, Kultur und Gesellschaft in Europa. Es kommt zu einer wachsenden Bedrohung der inneren Sicherheit durch islamischen Extremismus und Gewalt und zur Bildung islamischer Parallelgesellschaften.

---

[23] Vgl. z.B. M. Demokratie erneuern, 6. Entschlossen gegen Rechtsextremismus, Rassismus und gruppenbezogene Menschenfeindlichkeit vorgehen, S.214.

Die Grünen als Vorkämpfer
der Homosexuellen-Bewegung

Ein zentrales Anliegen der Grünen ist bereits seit Jahrzehnten die rechtliche und gesellschaftliche Anerkennung und Gleichstellung der Homosexualität und homosexueller Partnerschaften. Die Grünen fordern über das seit 2001 bestehende Rechtsinstitut der eingetragenen gleichgeschlechtlichen Lebenspartnerschaft hinaus die Einführung der Homo-Ehe und damit die völlige Gleichstellung homosexueller Paare im Steuer- und im Beamtenrecht sowie nicht zuletzt auch im Adoptionsrecht.[24] Diese Bestrebungen wurden von den Grünen wie auch von der SPD noch bedeutend intensiviert, seitdem im Mai 2015 in Irland durch eine Volksabstimmung die Einführung der Homo-Ehe beschlossen wurde.

Aus biblischer Sicht ist hierzu festzustellen, dass die öffentlich geschlossene Ehe zwischen einem Mann und einer Frau die einzige von Gott gewollte Form der sexuellen Gemeinschaft darstellt. Praktizierte Homosexualität hingegen wird sowohl im Alten wie auch im Neuen Testament ausnahmslos scharf verurteilt (vgl. z.B. 3. Mose 18,22; Röm 1,26 f.; 1.Kor 6,9).

Da die grundlegenden Gebote und Ordnungen Gottes nicht nur für die christliche Gemeinde gelten, sondern auch für den Staat, bedeutet dies, dass der Staat ebenfalls nur die öffentlich geschlossene Einehe zwischen Mann und Frau rechtlich anerkennen und fördern darf. Eine sexuelle Beziehung zwischen zwei Personen gleichen Geschlechts kann nach christlich-biblischem Verständnis niemals eine Ehe sein und auch sonst nicht rechtlich oder ethisch anerkannt werden!

Die ethische und rechtliche Beurteilung der Homosexualität ist einer der Hauptpunkte, in denen Menschenbild und Ethik der Grünen mit dem christlich-biblischen Menschenbild und christlicher Ethik absolut unvereinbar sind.

---

[24] N. BürgerInnenrechte stärken, Schlüsselprojekte: Gleiche Rechte für gleiche Liebe – die Ehe für gleichgeschlechtliche Paare öffnen, S.238.

Paradox ist im Übrigen, dass die Grünen die Ehe zwischen Mann und Frau schon seit jeher zugunsten nichtehelicher Beziehungen abwerten, etwa indem sie die Ehe als Einengung der Freiheit v.a. der Frau ansehen, die Anerkennung und Gleichstellung der „Ehe" zwischen zwei Personen gleichen Geschlechts hingegen zu ihren zentralen Forderungen erheben.

Gegner der praktizierten Homosexualität und deren ethischer und rechtlicher Anerkennung werden in dem Programm der Grünen regelmäßig als „Homophobe" bezeichnet und deren Gesinnung als „gruppenbezogene Menschenfeindlichkeit", wobei mit diesem Begriff auch Rassismus, Antisemitismus u.ä. bezeichnet werden.[25]

Das bedeutet, dass allen, die praktizierte Homosexualität aus biblischen Gründen ablehnen, entgegen der Wahrheit Hass gegen Homosexuelle unterstellt wird. Durch eine solche Wortwahl wird seinerseits Hass geschürt und eine Auseinandersetzung in der Sache dadurch von Vornherein unmöglich gemacht. Personen und Vereine, die Homosexuelle durch eine freiwillige Therapie von ihrer Neigung zu befreien suchen, werden – wenn auch nicht in dem Programm – als „Homo-Heiler" und „fundamentalistische Scharlatane" diffamiert. Es wird sogar versucht, entsprechende Therapien gesetzlich zu verbieten.

Die Grünen fordern in ihrem Programm einen bundesweiten „Aktionsplan für Vielfalt", der „Homophobie und Transphobie[26] entgegensteuert". Im Unterricht sollen alle Lebensweisen und sexuellen Identitäten gleichberechtigt dargestellt werden.[27]

Als „sexuelle Identitäten" existieren für die Grünen nicht nur Heterosexualität und Homosexualität, sondern auch Bisexualität, Transgender (Männer, die Frauen sein wollen und sich

---

[25] Vgl. z.B. M. Demokratie erneuern, 6. Entschlossen gegen Rechtsextremismus, Rassismus und gruppenbezogene Menschenfeindlichkeit vorgehen, S.212 ff., 213, 214.
[26] Darunter verstehen die Grünen Ablehnung von Transsexuellen und Transgendern.
[27] N. BürgerInnenrechte stärken, 8. Gleiche Rechte schaffen – Homo- und Transphobie entgegentreten, S.236.

dementsprechend kleiden, schminken usw. und umgekehrt Frauen, die in entsprechender Weise als Männer auftreten), Transsexuelle (Menschen, die eine Geschlechtsumwandlung vorgenommen haben oder dies beabsichtigen) und Intersexuelle (Menschen, die sich weder eindeutig als Mann noch als Frau empfinden).

Art. 3 GG müsse dahingehend ergänzt werden, dass niemand wegen der „sexuellen Identität" diskriminiert werden darf. Dies hätte zur Folge, dass allen, die die Homosexualität und die Homo-Ehe ablehnen, Ablehnung von Grundrechten und damit Verfassungsfeindlichkeit vorgeworfen werden könnte.

Der Begriff der „sexuellen Identität" ist jedoch ebenfalls eine Konstruktion der Homosexuellenbewegung. Sie setzt eine angeborene Veranlagung eines Menschen zur Homosexualität voraus, was jedoch wissenschaftlich nicht bewiesen ist. Ebenso sind homosexuelle Neigung und homosexuelles Verhalten nicht unveränderlich, was durch zahlreiche Beispiele von Homosexuellen, die von ihrer Neigung und ihrem Verhalten befreit wurden, bewiesen ist.

Vor allem im Bildungsplan 2015 für Baden-Württemberg haben die Grünen ihre Pläne in der schulischen Erziehung zu verwirklichen versucht. Darin werden Homosexualität, Bisexualität usw. propagiert und als gleichwertig mit der Heterosexualität dargestellt. Die Schüler sollen sie kennen und reflektieren. Das „Coming-out" homosexueller Jugendlicher soll pädagogisch propagiert werden.

Ferner wird von Schülern und Eltern nicht nur Toleranz, sondern sogar Zustimmung und Akzeptanz gegenüber diesen Verhaltensweisen, die dem Willen Gottes widersprechen, gefordert. Die Geschlechtserziehung soll aus dem Biologieunterricht in die sozialwissenschaftlichen Fächer verlagert werden. Die Geschlechter und die Geschlechtsunterschiede von Mann und Frau werden durch Gendertheorien infrage gestellt.

Bemerkenswert ist, dass die Grünen – mit Unterstützung der SPD – diesen Bildungsplan in einem Bundesland durchsetzen wollen, in dem bislang noch relativ viele christliche Elemente in Kultur und Gesellschaft bewahrt geblieben sind. Gegen diesen Bildungsplan erhob sich in der Bevölkerung unerwartet starker Widerstand. Es gab eine Petition mit bundesweit ca. 200.000 Unterschriften sowie mehrere Demonstrationen in Stuttgart mit jeweils mehreren tausend Teilnehmern. Die baden-württembergische Landesregierung hat aufgrund dieser Proteste zwar eine Überarbeitung des Bildungsplanes angekündigt. Jedoch enthält auch die Neufassung keine grundsätzlichen Änderungen. Ob es gelingt, die Durchsetzung der Ziele des Bildungsplanes endgültig zu verhindern, ist derzeit offen.

Aber auch unabhängig von dem oben genannten Bildungsplan und von den Erziehungsplänen der Grünen muss festgestellt werden, dass im Schulunterricht der meisten Bundesländer im Sexualkunde-Unterricht schon seit Langem eine Indoktrination stattfindet, indem die zum Teil erst 10-12 jährigen Schüler zur Akzeptanz außerehelicher Sexualität erzogen werden, ja sogar zur Verführung dazu. Verbunden ist dies z.T. mit abstoßenden Bildern und Darstellungen sexuellen Inhalts.

Eltern, die ihre Kinder deshalb aus Gewissensgründen nicht am Sexualkundeunterricht teilnehmen lassen, müssen schon seit Jahren mit Bußgeldern, strafrechtlicher Verurteilung, Entzug des Sorgerechts und selbst mit Erzwingungshaft rechnen (und zwar nicht nur in rot-grün regierten Bundesländern). Schon eine ganze Anzahl gläubiger Eltern hat bis jetzt in Deutschland mehr oder weniger lange in Haft gesessen! Das Bundesverfassungsgericht (BVerfG) und der EGMR[28] haben die Berufung der Eltern auf das Grundrecht der Gewissensfreiheit (Art. 4 Abs. 1 GG sowie Art. 9 Abs. 1 EMRK[29]) nicht anerkannt, obwohl sie dies eindeutig hätten tun müssen.[30]

---

[28] Europäischer Gerichtshof für Menschenrechte.
[29] Europäische Menschenrechtskonvention.
[30] Vgl. dazu näher Thomas Zimmermanns, Man muss Gott mehr gehorchen als den

Aber in der Geschichte hat es sich schon sehr oft gezeigt, dass sich das an Jesus Christus und seinem Wort gebundene Gewissen nicht durch staatliche Zwangsmaßnahmen brechen lässt. Unsere Glaubensgeschwister, die ins Gefängnis gegangen sind und denen ihre Elternrechte entzogen wurden, weil sie ihre Kinder nicht der sexuellen Indoktrination und Verführung ausliefern wollten, brauchen aber unbedingt unsere beständige Fürbitte und auch Gemeinschaft und praktische Hilfe.

Die Grünen und Gender Mainstreaming

Gender Mainstreaming ist eine im Zusammenhang mit dem Neomarxismus, dem Feminismus und der Homosexuellenbewegung Anfang der 80er Jahre in den USA und in Westeuropa entstandene Ideologie, die im Wesentliches Folgendes beinhaltet:

Es wird zwischen dem biologischen Geschlecht („sex") und dem sozialen Geschlecht („gender") unterschieden. Nur das biologische Geschlecht sei unveränderlich; das soziale Geschlecht könne der Mensch hingegen frei wählen und selber bestimmen, d.h. ein Mann könne sich als Frau fühlen und als Frau leben und umgekehrt.

Neben „Mann" und „Frau" gebe es außerdem eine Vielzahl weiterer Geschlechter, wie z.B. die Intersexuellen, die sich weder als Mann noch als Frau fühlen. „Mainstream" bedeutet „Hauptstrom". Das bedeutet, dass dies die bestimmende Richtung in der Gesellschaft werden soll.

Bei Gender Mainstreaming geht es also keineswegs nur um die Gleichberechtigung von Mann und Frau, wie es von dessen Verfechtern manchmal zur Beschwichtigung behauptet wird, sondern um die Auflösung der Schöpfungsordnung Gottes, der den Menschen als Mann und als Frau geschaffen hat!

Menschen, Der schmale Weg 2/2015, S.18 ff., 26 ff.

Bei manchen Vertretern des Gender Mainstreaming geht die Leugnung der Unterschiede zwischen Mann und Frau sogar so weit, dass behauptet wird, dass es nur *ein* Geschlecht gäbe.

Auch die Begriffe „Vater" und „Mutter" und die damit verbundene Stellung und Aufgaben in der Familie werden infrage gestellt und stattdessen von „Elter 1" und „Elter 2" gesprochen.

Gender Mainstreaming erkennt auch Homosexualität, Bisexualität u.ä. als ethisch und rechtlich gleichwertige Formen der Sexualität an.

Bei Gender Mainstreaming handelt es sich nicht etwa nur um Theorien einiger exzentrischer Wissenschaftler oder Ideologen, sondern diese Ideologie wurde bereits im Amsterdamer Vertrag (1997/1999) zum offiziellen Ziel der Gleichstellungspolitik der Europäischen Union gemacht. Sie wird ferner von höchster politischer Stelle (UNO) gefördert und in Deutschland vom Ministerium für Familie, Senioren, Frauen und Jugend und vielen weiteren Gremien und Initiativen massiv propagiert.

Über zahlreiche staatliche und nichtstaatliche Organisationen und Gruppen wird Gender Mainstreaming bis in die kleinste Gemeinde in die Schulen und Kindergärten gebracht, etwa im Unterricht und durch Filme.

Auch die Leitungsorgane der Evangelischen Kirche in Deutschland bejahen die Grundaussagen und Ziele des Gender Mainstreaming.

Im Gegensatz dazu ist jedoch nicht nur aus christlich-biblischer, sondern auch aus naturwissenschaftlicher Sicht festzustellen, dass es grundlegende anatomische, hormonelle und neurophysiologische Unterschiede zwischen Mann und Frau gibt, die auch durch Gender-Experimente nicht überwunden können, weil sie vom Schöpfer im Menschen angelegt sind.[31] Gott hat den Menschen weder eingeschlechtlich geschaffen, noch mit vielen Geschlechtern, sondern

---

[31] Vgl. dazu näher z.B. Manfred Spreng/Harald Seubert, Vergewaltigung der menschlichen Identität. Über die Irrtümer der Gender-Ideologie, Logos Editions, 4. Aufl. 2014.

zweigeschlechtlich, nämlich als Mann und als Frau (1. Mose 1,27).

„Aus biblischer Sicht ist Gender Mainstreaming Sünde und zum Scheitern verurteilt, weil der Mensch nicht wirklich sein ihm von Gott gegebenes Geschlecht verändern kann. Er lehnt sich damit gegen seinen Schöpfer auf, muss dabei aber scheitern"[32]

Die Grünen gehören in Deutschland mit zu denjenigen politischen und gesellschaftlichen Kräften, die Gender Mainstreaming in Politik, Gesellschaft und Erziehung am konsequentesten umsetzen wollen.

Dementsprechend fordern sie „Genderkompetenz" und „Sensibilität bezüglich der Vielfalt sexueller Identitäten" als Teil der Aus- und Weiterbildung von Lehrern und Erziehern.[33] Gemeint ist damit eine Zustimmung zu der Ideologie des Gender Mainstreaming sowie die Verpflichtung, diese in Unterricht und Erziehung an die Schüler weiterzuvermitteln.

Gender Mainstreaming wird so zur einzigen Theorie, die in Unterricht und Erziehung auf den entsprechenden Gebieten von Lehrern und Erziehern positiv vermittelt werden darf. Für die Vermittlung christlich-biblischer Werte ist dementsprechend kein Platz; diese wird vielmehr mit allen Mitteln unterbunden und geächtet.

Auch das Familienverständnis der Grünen ist von der Anerkennung homosexueller Partnerschaften und vom Gender Mainstreaming beeinflusst: Für die Grünen ist Familie „da, wo Kinder sind"[34] bzw. „überall dort, wo Menschen verbindlich füreinander Verantwortung übernehmen".[35]

---

[32] L. Gassmann, Schützt unsere Kinder. Christliche Erziehung statt stastliche Umerziehung, Jeremia-Verlag, Freudenstadt, 2. Aufl. 2015, S. 14.

[33] F. Teilhaben an guter Bildung, 1. Erneuerung der Bildungsinstitutionen, S.107.

[34] A. Teilhaben, Einmischen, Zukunft schaffen. Warum es Zeit ist, dass sich was ändert, 2. Warum wir den grünen Wandel brauchen, S.11.

[35] H. Teilhabe für Jung und Alt, 2.Raum für Familie, S.143.

„Und es muss egal sein, ob die Eltern lesbisch, hetero oder schwul sind".[36] Das bedeutet, dass auch unverheiratet Zusammenlebende oder gleichgeschlechtliche Paare als Familie angesehen werden, wenn Kinder bei ihnen leben.

Eine Bevorzugung der „traditionellen" Familie mit Mann, Frau und Kindern durch den Staat etwa in der Steuergesetzgebung lehnen die Grünen ab; sie wollen deshalb das Ehegattensplitting abschaffen und stattdessen eine Kindergrundsicherung einführen, wonach jedes Kind unabhängig vom Einkommen seiner Familie die gleiche finanzielle Unterstützung vom Staat erhalten soll.[37]

Das Verhältnis von Mann und Frau wird von den Grünen nicht unter den biblischen Aspekten der Gleichwertigkeit, der Verschieden-artigkeit und der gegenseitigen Ergänzung gesehen, sondern unter dem Gesichtspunkt des Geschlechterkampfes, der Unterdrückung der Frau und der Notwendigkeit ihrer Befreiung.

Ferner gehen sie von der völligen Gleichheit von Mann und Frau aus, was nicht nur der Bibel, sondern auch anthropologischen Erkenntnissen widerspricht.

Die Grünen als Vorkämpfer einer umfassenden „Antidiskriminierungspolitik"

Ein weiteres wichtiges Anliegen der Grünen, das mit den zuvor genannten Punkten „Homosexualität" und „Gender Mainstreaming" z.T. eng zusammenhängt, ist „Antidiskriminierung". Das bedeutet, dass auch im privaten Rechtsverkehr niemand wegen seiner Rasse, seiner ethnischen Herkunft, seines Geschlechts, seiner „sexuellen Identität" oder wegen seines Alters, einer Behinderung oder aus religiösen oder weltanschaulichen Gründen benachteiligt werden

---

[36] A. Teilhaben, Einmischen, Zukunft schaffen. Warum es Zeit ist, dass sich was ändert, 2. Warum wir den grünen Wandel brauchen, S.11
[37] H. Teilhabe für Jung und Alt, 2. Raum für Familie, S.144 f.

darf, wobei die geforderte Gleichbehandlung durch rechtliche Sanktionen erzwungen werden soll.

So wurde die Umsetzung des im Jahr 2006 in Kraft getretenen Antidiskriminierungsgesetzes (Allgemeines Gleichbehandlungsgesetz [AGG]), das schwerwiegend in die Vertragsfreiheit und Privatautonomie insbesondere von Arbeitgebern und Vermietern eingreift, maßgeblich von den Grünen betrieben. Allerdings geht dieses Gesetz in seinem Ursprung auf EU-Richtlinien zurück, deren Umsetzung Deutschland und den übrigen EU-Staaten seitens der EU-Organe aufgezwungen wurde. Auch in dem aktuellen Programm der Grünen wird gefordert, in Deutschland und Europa Diskriminierungen zu bekämpfen und die Antidiskriminierungsstelle des Bundes finanziell und strukturell zu stärken.

Hiergegen wäre einzuwenden, dass das Grundgesetz die Privatautonomie und die Vertragsfreiheit ausdrücklich schützt (Art. 2 Abs. 1 GG). Dies bedeutet, dass es jedem Bürger freigestellt ist, ob, mit wem und zu welchen Bedingungen er Arbeits-, Miet-, Kauf- und andere Verträge schließt.

Die Grünen und ihre Forderung nach unbefristet zulässiger Abtreibung

Unter der Überschrift „Über den Körper selbst bestimmen" fordern die Grünen, dass Frauen über ihre Schwangerschaften „frei und ohne Kriminalisierung" entscheiden können müssten.[38] Das bedeutet die Forderung der Straffreiheit der Abtreibung bis zur Geburt, während nach geltendem Recht Abtreibung – nach vorangegangener Beratung – „nur" für die ersten drei Monate der Schwangerschaft straffrei ist (§ 218 a Abs. 1 StGB).

Erscheint die Abtreibung erforderlich, um eine Gefahr für das Leben oder die Gefahr einer schwerwiegenden Beeinträchtigung des

---

[38] O. Gleichberechtigung schaffen, 4. Über den Körper selbst bestimmen, S.246.

körperlichen oder seelischen Gesundheitszustands der Frau abzuwenden, so ist die Abtreibung allerdings bereits nach geltendem Recht ohne eine Frist und damit bis zur Geburt straflos, ja sogar rechtmäßig (§ 218 a Abs. 2 StGB).[39]

Bei dem Ungeborenen handelt es sich jedoch nicht um einen Teil des Körpers der Frau, sondern um eigenständiges menschliches Leben von der Empfängnis an. Dies ergibt sich eindeutig aus der Bibel, etwa wenn der Verfasser des Psalms in Ps 139,13 und 16 sagt: „Denn du hast meine Nieren bereitet und hast mich gebildet im Mutterleibe... Deine Augen sahen mich, als ich noch nicht bereitet war, und alle Tage waren in dein Buch geschrieben, die noch werden sollten und von denen keiner da war"- oder in Lk 1,44, wo Elisabeth sagt: „Denn siehe, als ich die Stimme deines Grußes hörte, hüpfte das Kind vor Freude in meinem Leibe".

Auch wissenschaftlich ist die Tatsache, dass es sich bei dem ungeborenen Kind von Anfang an um vollwertiges menschliches Leben handelt, seit Langem bewiesen und weitgehend anerkannt. Schließlich erkennt auch unsere Rechtsordnung an, dass es sich bei dem Ungeborenen um vollwertiges menschliches Leben handelt, das unter dem Schutz der Rechtsordnung steht.[40]

Das 5. Gebot „Du sollst nicht töten" (2. Mose 20,13) verbietet jede rechtswidrige Tötung menschlichen Lebens und der Staat ist verpflichtet, jedes menschliche Leben durch Strafandrohung vor einer Tötung durch Dritte zu schützen. Denn der Staat ist von Gott dazu eingesetzt, ein friedliches und geordnetes Zusammenleben der Bürger zu ermöglichen und ihre Rechtsgüter zu schützen (vgl. Röm 13,1 ff.; 1. Petr 2,13 f.). Das menschliche Leben stellt – und zwar auch nach der Wertordnung des Grundgesetzes – das höchste Rechtsgut dar.

---

[39] Vgl. dazu näher Fischer, StGB mit Nebengesetzen, C.H. Beck Verlag, München, 60. Aufl. 2013, § 218 a StGB, Rn 14-28.

[40] Vgl. etwa BVerfGE 39, 1 ff.; 36-42; 88, 203 (Leitsatz 1).

Europaweit nehmen jedoch in Politik, Wissenschaft (v.a. Rechtswissenschaft, Philosophie und Sozialwissenschaften) und Gesetzgebung auf der Basis unterschiedlicher Weltanschauungen und Ideologien generell die Bestrebungen zu, nicht mehr jedes menschliches Leben strafrechtlich zu schützen, sondern nur noch „Personen", d.h. Menschen, die über ein Selbstbewusstsein oder ein Handlungsvermögen verfügen.[41]

Das bedeutet, dass Ungeborene, aber auch Wachkomapatienten, Schwerstbehinderte und Sterbende hiervon ausgenommen sind und straflos getötet werden dürfen. Und es ist offenkundig, dass der Weg zu weiteren Dammbrüchen frei ist, wenn der Damm des Lebensschutzes erst einmal an einer Stelle gebrochen ist. Dementsprechend wird auch die Straffreiheit der Tötung auf Verlangen und der (auch der ärztlich assistierten!) Beihilfe zum Selbstmord europaweit immer mehr ausgeweitet, was u.a. dazu geführt hat, dass in Belgien seit Anfang 2014 sogar bei Kindern (!) die Tötung auf Verlangen zulässig ist. Im Übrigen haben sich Politiker der Grünen in den vergangenen 30 Jahren nicht nur als Vorkämpfer der Streichung des § 218 StGB hervorgetan, sondern auch durch übelste Diffamierungen von Lebensrechtlern, die für den Schutz des ungeborenen Lebens eintreten.

Die Drogenpolitik der Grünen

Die Grünen lehnen die Strafbarkeit des Drogenkonsums ab und fordern eine „Reform der Drogenpolitik". Ihr Ziel sei es, „das Selbstbestimmungsrecht der Menschen zu achten" und „gesundheitliche Risiken zu minimieren".[42] Gefordert wird eine „langfristig an den tatsächlichen gesundheitlichen Risiken orientierte Regulierung" aller Drogen.[43] Der Eigenverbrauch und private Anbau

---

[41] Vgl. etwa die „Ethik" des australischen Professors Peter Singer.
[42] G. Teilhaben an sozialer Sicherung, 4. Prävention, Hilfe und Entkriminalisierung statt Fortsetzung der gescheiterten Drogen- und Suchtpolitik, S.130 f.
[43] N. BürgerInnenrechte stärken, Die Sicherheit der KonsumentInnen stärken –

von Cannabis soll legalisiert werden.[44]

Das staatliche Eingreifen nicht nur gegenüber dem Drogenhandel, sondern auch gegenüber dem Drogenkonsum mit dem Ziel der Drogenabstinenz ist jedoch deshalb erforderlich, weil bereits die sog. „weichen Drogen" in sehr vielen Fällen zur Abhängigkeit, zur Zerstörung der Gesundheit und der Persönlichkeit führen und zugleich Einstiegsdrogen für den Konsum „harter" Drogen sind.

Es ist eine humanistische Phrase, sich diesen Realitäten zu verschließen und hier von „Selbstbestimmung" zu reden. Ein Drogen- oder sonstiger Suchtmittelabhängiger ist alles andere als ein freier und selbstbestimmter Mensch, sondern ein Sklave und ein Gebundener der Drogen und letztlich Satans!

Die Grünen und die EU

Hinsichtlich der EU fordern die Grünen, dass sie sich langfristig zu einem europäischen Bundesstaat entwickeln soll und dass Deutschland den Euro als Währung behält. Sie lehnen die Forderung ab, die Europäische Union solle sich als christliche Wertegemeinschaft verstehen. Gleichgeschlechtliche Ehen sollen von allen Mitgliedsstaaten anerkannt werden.[45] Auch die übrigen Ziele der Grünen sollen EU-weit durchgesetzt werden.

„Auf dem Weg zu einer besseren Welt ist und bleibt ein geeintes Europa grundlegend. Eine gerechte Globalisierung braucht eine Europäische Union, die enger zusammenrückt, ohne sich abzuschotten".[46]

Drogenpolitik reformieren, S.239.
[44] aaO.
[45] Idea Spektrum 17/14, S.17.
[46] Bundestagswahlprogramm 2009, Kap. 14, Eine Welt. Eine Vision. Unsere europäische und globale Verantwortung, S.203.

Grüne Parteien gibt es nicht nur in Deutschland, sondern auch in zahlreichen anderen EU-Staaten mit einer im Wesentlichen identischen Ideologie und Zielsetzung. Im EU-Parlament bilden sie eine gemeinsame Fraktion mit derzeit 52 von 751 Sitzen.

Die Grünen und die Eine Welt

Die Grünen sprechen in ihrem Programm des Öfteren von der „Einen Welt".[47] Sie betrachten die Welt als Einheit, in der globales Denken und lokales Handeln erforderlich sei. Angestrebt wird globaler Friede, Freiheit, Menschenrechte und Gerechtigkeit und ein Leben für alle Menschen in Frieden und Würde, wobei es den Grünen auch hier in besonderer Weise um Toleranz und Anerkennung für Homo-, Bi- und Transsexuelle geht.

Damit wird die Utopie eines allein vom Menschen zu schaffenden Weltfriedensreiches im illusorischen Vertrauen auf einen aktivierbaren „guten Kern" im Menschen propagiert. Ferner sollen die in der EU inzwischen herrschenden Wertvorstellungen hinsichtlich Homosexualität usw. und deren rechtliche Anerkennung weltweit ausgedehnt werden. Der Begriff „Eine Welt" weckt für biblisch ausgerichtete Christen außerdem Anklänge an den in der Endzeit entstehenden Welteinheitsstaat, der unter der Herrschaft des Antichristen stehen wird.

---

[47] So v.a. unter S. Unsere Eine Welt, S.296 ff.

Was haben bibeltreue Christen von den Grünen zu erwarten?

Da die Grünen für die gleichberechtigte Anerkennung „unterschiedlicher Lebensweisen und sexueller Identitäten" eintreten und zugleich „bestehende Diskriminierungen" bekämpft werden sollen, bedeutet dies konsequenterweise, dass christliche Kirchen und Vereinigungen mit staatlichen und rechtlichen Mitteln (wie etwa mittels der Sanktionen, die aufgrund des AGG möglich sind) gezwungen werden sollen, etwa homosexuelle Verkündiger oder sonstige Mitarbeiter zu beschäftigen, Homosexuelle als Mitglieder aufzunehmen oder Frauen als Prediger einzustellen (s.o. Die Grünen und der Schutz religiöser Bekenntnisse).

Des Weiteren würden christliche Vermieter auf diese Weise gezwungen, ihre Wohnungen oder Hotelzimmer an homosexuelle Paare zu vermieten. Biblisch begründete Kritik etwa an praktizierter Homosexualität oder an nichtchristlichen Religionen wäre als „Diskriminierung" oder als „Hassrede" verboten.

Allerdings muss ausdrücklich festgestellt werden, dass die Grünen bei Weitem nicht die einzige Partei sind, von der bibeltreue Christen Einschränkungen ihrer Rechte zu erwarten haben. Gesetzgeberische Maßnahmen wie die oben dargestellten werden u.a. auch von der Linken und von weiten Teilen der SPD befürwortet.

Zusammenfassung und Ausblick

Zwar sind die Grünen derzeit nicht an der Bundesregierung beteiligt, doch sind deren Ideologien immer mehr auch von anderen Parteien übernommen oder zumindest akzeptiert worden. Dies betrifft nicht zuletzt die Forderungen des Feminismus und der Homosexuellenbewegung. So heißt es sogar im Koalitionsvertrag zwischen CDU, CSU und SPD aus dem Jahr 2013:

„Wir wissen, dass in gleichgeschlechtlichen Partnerschaften Werte gelebt werden, die grundlegend für unsere Gesellschaft sind. ... Wir verurteilen Homophobie und Transphobie und werden entschieden dagegen vorgehen".[48]

Somit kann man sagen, dass der Einfluss der Grünen in Deutschland auch ohne eine unmittelbare Regierungsbeteiligung in den letzten Jahren immer mehr zugenommen hat. Eine Trendwende ist nicht erkennbar und es ist mit einer solchen m.E. in Deutschland auch nicht mehr zu rechnen. Jedenfalls ist der Widerstand gegen Ideologien und Zielsetzungen wie denen der Grünen in zahlreichen anderen EU-Staaten bedeutend stärker als in Deutschland. Dies alles ist nicht nur von allgemein-politischem Interesse, sondern hat, wie bereits dargestellt, bereits jetzt praktische Auswirkungen auf die bekennenden Christen in unserem Land.

Eine grundsätzliche Auseinandersetzung mit der Ideologie und den Zielen der Grünen findet anders als in den 80er und 90er Jahren in Politik und Gesellschaft heute kaum noch statt. Dies betrifft sowohl die großen politischen Parteien als auch die Medien und Kirchen. Die grüne Politikerin Katrin Göring-Eckardt ist Präses der EKD-Synode und war Präsidentin des Ev. Kirchentages in Dresden 2011.

Inzwischen nähert sich selbst die Katholische Kirche an die Grünen an. Im Jahre 1986 hatte der Kölner Kardinal Josef Höffner wegen des Eintretens der Grünen für die Streichung des § 218 StGB noch erklärt, dass damit das Tischtuch zwischen der Katholischen Kirche und den Grünen zerschnitten sei. Demgegenüber erklärte der spätere Vorsitzende der deutschen Katholischen Bischofskonferenz Erzbischof Robert Zollitsch im Jahr 2011, dass die Katholische Kirche „in manchen Fragen des Lebens sicher den Grünen näher sei als anderen Parteien", auch wenn „viele ihrer Positionen nicht gerade den Geist reiner katholischer Lehre atmen".[49] Der baden-

---

[48] Deutschlands Zukunft gestalten, Koalitionsvertrag zwischen CDU, CSU und SPD, S.74.
[49] Kölnische Rundschau vom 21.04.2011 („Atomenergie ist nicht beherrschbar – Der Vorsitzende der Bischofskonferenz, Zollitsch, über Entfremdung und Energiewende").

württembergische grüne Ministerpräsident Winfried Kretschmann ist Mitglied des Zentralkomitees der Deutschen Katholiken.

Selbst von evangelikaler Seite wird z.B. Gender Mainstreaming zunehmend verharmlost und der evangelikale Protest gegen die Abtreibung und die Ziele der Homosexuellenbewegung ist seit den Jahren 2008/09 deutlich schwächer geworden, seitdem die Evangelikalen wegen ihrer Haltung in diesen Fragen massiven Diffamierungskampagnen ausgesetzt waren.

Wie auch immer sich die politischen Verhältnisse in Deutschland und Europa entwickeln, es muss für gläubige Christen und Vereinigungen der Satz aus Apg 5,29 gelten: „Man muss Gott mehr gehorchen als den Menschen". Gläubige Christen und ihre Gemeinden müssen ihre Verkündigung und ihr gesamtes Handeln allein an ihrem an Gottes Wort gebundenen Gewissen ausrichten. Sie dürfen sich auch unter Androhung von Nachteilen oder selbst von Strafverfolgung nicht dazu bewegen lassen, Dinge zu tun, die sie mit ihrem Gewissen nicht vereinbaren können.

Eine „christliche" Gemeinde hingegen, die sich aus Angst oder Opportunismus dem hier geschilderten Zeitgeist anpasst und sich ihm angleicht, und sei es auch nur nach außen hin, wird zum tauben Salz, das nutzlos ist und auch von den Menschen verachtet und verworfen wird (Mt 5,13).

Diese biblischen Wahrheiten haben – nicht zuletzt auch im Hinblick auf die immer stärkere Durchsetzung der politischen Ziele der Grünen – mehr denn je aktuelle Bedeutung erlangt. Aber es gilt auch unverändert die Zusage Jesu an seine Jünger aus Mt 28,19: „Ich bin bei euch alle Tage bis an der Welt Ende".

Umerziehungsprogramm der LSBTTIQ* - Community für Baden-Württemberg

Auszug aus dem Maßnahmenkatalog zum Aktionsplan „Für Akzeptanz und gleiche Rechte Baden-Württemberg" der grün-roten Landesregierung - als bundesweites Vorreiterprojekt für sexuelle Offenheit und Vielfalt:

Familie:

⊗ gemeinsames Adoptionsrecht für gleichgeschlechtliche Paare

⊗ Einführung einer „dritten Elternschaft"

⊗ Legalisierung von Leihmutterschaft

⊗ Bundesratsinitiative zur Öffnung der Ehe für gleichgeschlechtliche Partnerschaften

Bildung:

♣ Kindertagesstätten:

⊗ Anpassung von Büchern und Spielen

⊗ Aufklärungsarbeit durch Handreichung / Material / Projekte

⊗ Schulungen von Führungskräften

♣ Schulen:

⊗ Verankerung der Themen LSBTTIQ bzw. sexuelle und geschlechtliche Identität im Bildungsplan

⊗ Durchführung von Aufklärungsprojekten in Schulen

⊗ Überarbeitung der Lehrmaterialien und Unterrichtsbeispiele

⊗ LSBTTIQ als Projektarbeit in den Schulalltag integrieren

⊗ Handreichung zu LSBTTIQ-Themen

⊗ Pflichtfortbildung von Lehrkräften

⊗ Anzeigen von Homo- und Transphobie in der Schule

♣ Universitäten:

⊗ Zuschüsse für Hochschulen, die ein „veraltetes Menschenbild" lehren, kürzen oder streichen

⊗ LSBTTIQ-Lehrstuhl an Uni, FH oder PH etablieren Medien:

⊗ Sanktionen für transphobe und homophobe Medieninhalte (Wort, Bild), aktive Medienbeobachtung

⊗ "LSBTTIQ-Quote bei Südwestfunk, Rundfunkrat und ZDF" und sämtlichen gesellschaftlichen Bereichen

⊗ Kultur- und Film-Preise für LSBTTIQ-Projekte

Gesellschaft:

⊗ LSBTTIQ-Aufklärungsprojekte in Jugendgruppen

⊗ „Lexikon der Begriffe" / Fibel zu LSBTTIQ-Begriffen

⊗ Kritische Betrachtung des Dudens

⊗ Unterstützung von Partys und Veranstaltungen der Community auch an konservativen Plätzen, Anerkennung Szenelokalitäten

⊗ Bereitstellung bzw. Finanzierung von Infomaterial

Verwaltung:

⊗ Zulassung anderer Geschlechtsangaben im Personalausweis

⊗ LSBTTIQ-sensible Sprache in allen Veröffentlichungen

⊗ Diversitybeauftragte für das Thema LSBTTIQ in Kommunen

⊗ LSBTTIQ-Quote für Gremien

⊗ Lobbyarbeit bei der Politik durch Vertretungen der Community

⊗ Verpflichtende LSBTTIQ-Schulungen des Landespersonals

⊗ Klares Bekenntnis zu LSBTTIQ bei Landesbehörden

⊗ Gezieltes Recruiting von LSBTTIQ-Menschen bei Stellen-ausschreibungen des Landes

Kirche:

⊗ Keine Unterstützung von bzw. keine Vergabe von Aufträgen an Institutionen, die diskriminieren (z.B. Kirchen)

⊗ Kirchenrecht dem Allgemeinen Gleichbehandlungsgesetz (AGG) unterordnen

⊗ Ermöglichung von kirchlichen Segnungen gleichgeschlechtlicher Paare

⊗ Queere Gottesdienste

⊗ Abschaffung des Tendenzschutzes von Kirchen diskutieren

* LSBTTIQ = lesbisch, schwul, bisexuell, transsexuell, transgender, intersexuell, queer

Quelle: Demo für alle www.demofueralle.de

In rasendem Tempo verbreitet sich die Weltanschauung der Grünen in Kirchen, Gesellschaft und Politik. Die ganze Bevölkerung soll mit Genderismus und sexueller Vielfalt „beglückt" werden. Was steckt dahinter? Wie können Christen darauf reagieren?

Die Autoren:

Dr. Lothar Gassmann ist Theologe und Publizist aus Pforzheim.

Thomas Zimmermanns ist Jurist und Publizist aus Köln.

Weitere Infos unter:

www.L-Gassmann.de